세모 지식 박물관 6
우리 결혼했어요!

세모 지식 박물관 6

초판 1쇄 발행 | 2012년 12월 30일

글쓴이 | 김선희
그린이 | 김미희
펴낸이 | 조미현

편집주간 | 김수한
책임편집 | 황정원
편집진행 | 조은실
디자인 | 씨오디Color of Dream

출력 | (주)한국커뮤니케이션
인쇄 | 영프린팅
제책 | 쌍용제책사

펴낸곳 | (주)현암사
등록 | 1951년 12월 24일 · 제10-126호
주소 | 121-839 서울시 마포구 서교동 481-12
전화 | 365-5051 · 팩스 | 313-2729
전자우편 | child@hyeonamsa.com
홈페이지 | www.hyeonamsa.com
트위터 | http://twitter.com/Hyeonami

글 ⓒ 김선희, 2012
그림 ⓒ 김미희, 2012

ISBN 978-89-323-7336-2 73380

이 도서의 국립중앙도서관 출판시도서목록(CIP)은 e-CIP 홈페이지(http://www.nl.go.kr/ecip)와
국가자료공동목록시스템(http://www.nl.go.kr/kolisnet)에서 이용하실 수 있습니다.
(CIP제어번호:CIP2012006042)

* 이 책은 저작권법에 따라 보호를 받는 저작물이므로 저작권자와 출판사의 허락 없이
  이 책의 내용을 복제하거나 다른 용도로 쓸 수 없습니다.
* 지은이와 협의하여 인지를 생략합니다.
* 책값은 뒤표지에 있습니다. 잘못된 책은 바꾸어 드립니다.

우리 결혼했어요!

세모 지식 박물관 6

글 김선희 · 그림 김미희

현암사

차례

들어가는 말 | 결혼식은 왜 하는 걸까? … 6

1 원색적인 춤과 노래가 어우러진 잔치 - 케냐
신부를 맞을 때 신부 집에 소를 주는 마사이족 결혼식 … 10

2 여러 명의 남자와 결혼할 수 있어요 - 티베트
티베트 고원의 일처다부제 결혼식 … 18

3 전쟁 같은 결혼식 - 몽골
초원에서 열리는 유목민의 야외 결혼식 … 26

4 누구 이름이 구두 바닥에서 제일 많이 지워졌을까? - 그리스
머리에 화환을 쓰고 제단을 세 번 도는 그리스 정교회 결혼식 … 34

5 신부가 포도주와 콘페티를 직접 나눠 줘요 - 이탈리아
이탈리아 성당의 유서 깊은 가톨릭 결혼식 … 42

6 빠삭! 유리잔을 부수어야 제맛! - 이스라엘
가장 기쁠 때 가장 슬픈 순간을 되새기는 유대인 결혼식 … 50

♥ 7 **결혼식은 간단하게, 결혼 서약은 확실하게! - 모로코**
  혼인 계약서에 신부 대금을 꼭 적는 이슬람 결혼식 … 58

♥ 8 **붉은 옷에 보석이 반짝반짝, 화려한 헤나 문신! - 인도**
  지참금이 없으면 결혼을 못하는 힌두교 결혼식 … 68

♥ 9 **기러기 한 쌍이 대례상 위에 있어요 - 한국**
  유교 문화가 짙게 배어 있는 한국의 전통 결혼식 … 76

♥ 10 **여기도 붉은색, 저기도 붉은색 - 중국**
  2,500년간 이어져 온 중국의 봉건 시대 결혼식 … 84

♥ 11 **머리부터 발끝까지 눈처럼 새하얀 신부 - 일본**
  황태자의 결혼식에서 유래된 일본의 신전 결혼식 … 92

♥ 12 **세계로 생중계된 세기의 결혼식 - 영국**
  경건하면서도 차분한 영국의 왕실 결혼식 … 100

| 나오는 말 | **기억에 남을 별별 결혼식** … 108

참고한 자료 … 110

들어가는 말

🌸 결혼식은 왜 하는 걸까?

사람들은 왜 결혼식을 하는 걸까요? 결혼식이란 두 사람이 만나 평생 행복하게 살겠다는 약속을 사람들 앞에서 널리 알리는 행사입니다(요즈음에는 '결혼식'이라는 말을 더 흔하게 쓰지만, 예전에는 '혼인식', '혼례식'이란 말을 주로 썼어요. '결혼'이란 말은 일본식 표기예요. 혼례식, 혼인식이 우리식 표현이지요.). 그 중대한 결정을 보다 널리 알리고 또 축복받기 위해, 사람들은 잔치를 열어 맛있는 음식도 나누어 먹고 춤도 춥니다.

현대 결혼식은 세계 어디를 가나 이제 거의 비슷비슷합니다. 새하얀 드레스를 입은 신부가 아버지의 손을 잡고 식장에 들어가 결혼 행진곡을 들으며 꽃길을 빠져나오지요. 서양의 문화가 세계 곳곳으로 파고들면서 각 나라의 전통 결혼식을 쉽게 찾아 볼 수가 없습니다. 하지만 오늘날까지 전해오는 전통 결혼식을 보면 문화나 종교에 따라 커다란 차이가 있어요.

사람들은 오래전부터 결혼을 일평생 가장 중요한 일 가운데 하나로 여겼기에, 자신들이 믿는 종교에 따라 결혼식을 치렀습니다.

지금은 조금 덜한 편이지만, 종교는 사람들의 생각, 옷차림, 집 모양 등 모든 것을 결정할 때 가장 중요한 기본 바탕이었어요. 결혼식, 장례식, 성인식 등도 자신들이 믿는 신, 그리고 그 신을 기리는 방법을 토대로 치렀습니다. 그래서 지금까지 전해오는 한국의 전통 결혼식에도 유교 문화가 짙게 배어 있는 것이지요. 인도네시아처럼 여러 민족과 종교가 어우러진 나라에서는 자신의 종교에 따라서 결혼식을 치르기 때문에 한 나라 안에서도 각기 다른 모습의 결혼식 장면을 볼 수 있어요. 또 같은 종교를 믿는 사람들이라 하더라도 지역과 환경에 따라 조금씩 다른 결혼식 장면을 보여 주기도 해요.

결혼식은 대부분 예식과 더불어 피로연, 이 두 가지 행사로 이루어져요. 서로에 대한 사랑을 약속하고 맹세하는 예식이 끝나면 이 기쁜 날을 축하하는 연회를 베푸는데, 이것을 '피로연'이라고 합니다. 오늘날 우리나라 예식장에서의 결혼식은 피로연까지 포함하더라도 보통 두세 시간이면 끝나지만, 인도와 같은 아시아의 몇몇 나라에서는 결혼식 피로연이 1주일 동안 이어지는 경우도 종종 있어요 (이렇게 오랫동안 잔치를 치르려면 정말 결혼식 비용이 엄청나게 들겠지요?).

사람들이 언제부터 결혼하기 시작했는지 정확히 알 수는 없

지만, 인류가 시작된 이래 결혼이 가족을 이루는 중요한 수단이었던 것만은 분명해요. 혼자 사는 것보다는 가족을 이루어 사는 것이 서로 의지도 되고 도움도 되었으니까요. 수렵 사회든 농경 사회든, 혼자보다는 가족을 이루는 편이 생산 활동을 하는 데 있어 여러 모로 요긴했답니다. 가족을 이루려면 결혼이 필요했고, 그러려면 결혼식을 통해 두 사람이 하나라는 것을 널리 알려 주위 사람들로부터 인정받아야 했어요.

사람들은 각기 나름의 의미와 목적을 가지고 결혼합니다. 어떤 이는 결혼을 개인과 개인의 만남으로, 또 어떤 이는 가족과 가족의 만남으로 생각해요. 이런 생각이 결혼식에도 드러나서, 결혼식을 성대하게 치러야 가문의 부와 명예를 드러내는 것이라고 믿는 사람들도 있어요. 결혼을 통해 권력을 늘리고 싶었던 사람들은 정략 결혼을 일삼기도 했고요(요즘은 결혼과 결혼식에 개인과 개인의 사랑을 약속한다는 의미를 담는 사람들이 더 많은 것 같아요.).

신부가 어마어마한 지참금이 있어야 결혼할 수 있는 나라도 있어요(지참금이란 결혼할 때 신부가 신랑 집에 가지고 가는 돈이에요.). 인도 등 힌두교의 영향을 받은 나라에서는 남자가 결혼 이후 여자를 부양하기 때문에 신부로부터 많은 선물을 받기 시작했는데, 그것이 오늘날까지 이어져 지참금이란 전통이 되었어요. 하지만 적지 않은 신부들이 이 지참금 때문에 마음고생을 하고 있는 게 현실이에요. 그래서 요사이에는 '지참금 없애기 운동'을 벌이는 사람들도 있답니다. 아름다운 전통이란 길이길이 보존해야 할 인류의 문화유산이지만, 전통이란 이름 아래 누군가 아파하고 있다면 그런 전통은 당연히 사라져야 해요.

  문화란 그 시대와 사회를 담는 그릇이기에 세월과 더불어 사라지거나 달라지기도 하지만, 오늘날까지 굳건히 이어져 전통을 이루는 것도 있답니다. 지금껏 남아 있는 세계의 전통 결혼식 장면을 살펴보면 우리 인류 문화를 보다 잘 이해할 수 있을 거예요. 여러분은 신부가 왜 새하얀 드레스를 입는지, 신부 옆에 왜 들러리가 서는지 아나요? 이 책에서 세계 각 나라의 결혼식 장면을 통해 결혼에 관한 이런 궁금증들을 하나씩 풀어 보기로 해요.

알록달록 화려하게 몸을 치장한 신부가 마을 공터에 있어요. 마사이는 울긋불긋 마사이 족 전통 문양으로 온몸을 아름답게 꾸민 신부와 함께, 마을 사람들이 다 모여 있는 한가운데서 결혼식을 올립니다.

원색적인 춤과
노래가 어우러진 잔치

케냐

신부를 맞을 때 신부 집에 소를 주는 마사이족 결혼식

아프리카는 인류의 문명이 시작된 곳이에요. 그러면서도 아직까지 원시적인 모습이 그대로 남아 있는 곳이기도 해요.

지도를 보면 다른 대륙과는 달리 아프리카는 국경이 곧게 그어져 있는 것을 확인할 수 있을 거예요.

사실 아프리카는 나라보다는 부족 개념이 강한 곳이에요. 서구 열강이 아프리카를 식민지로 삼으면서 다스리기 쉽게 대륙을 나누다 보니 지금처럼 곧은 국경이 생기긴 했지만, 아프리카는 본래 여러 부족을 이루며 널리 퍼져 살던 대륙이었답니다.

아프리카에 사는 부족 중에서 가장 용맹하다고 알려진 마사이족은 아프리카 동부 케냐와 탄자니아에 주로 살아요. 마사이족에게도 국경은 별 의미가 없어요. 튼튼한 두 발로 국경에 상관없이 어디든 다니거든요.

마사이족 사람들은 귀를 보면 한눈에 알 수 있어요. 귓바퀴에 구멍을 뚫고 해마다 그 구멍을 넓혀 가거든요. 또 몸에는 언제나 붉은 천을 걸치는 것을 좋아한답니다.

오늘은 바로 이 마사이족의 '마사이'가 결혼하는 날입니다. '마사이'에게는 물론 따로 자기 이름이 있지만, 다른 부족들이 자기를 가리켜 그저

'마사이'라고 부르는 걸 좋아해요. '마사이'란 이름에는 아프리카 최고의 용맹한 전사라는 뜻이 담겨 있거든요.

사실 마사이족은 아프리카 동쪽 일대를 1년 내내 옮겨 다니며 소를 키우던 유목 민족이었어요. 이렇게 떠돌아다니다 다른 부족들과 부닥치면 싸움을 할 수밖에 없었어요. 그러다 보니 누구보다 강인하고 용맹한 부족이 되었답니다.

오늘은 마사이의 두 번째 결혼식입니다. 왜 두 번째냐고요? 마사이족은 아내를 여러 명 맞을 수 있어요. 식량이 많이 부족하기 때문에 아이를 하나라도 더 낳는 것이 농사일을 거드는 데 도움이 되거든요. 그러다 보니 남자가 아내를 여러 명 맞아 아이를 많이 낳는 것이 하나도 흠이 되지 않아요.

결혼할 때는 보통 소 한 마리를 주고 신부를 데리고 와요. 사람 한 명에 겨우 소 한 마리냐고요? 아프리카에서 소는 그 무엇보다도 값지고 귀한 재산이랍니다. 몇 십 년 전 우리나라에서도 소 한 마리만 있으면 자식에게 대학 공부를 시킬 수 있다고 했던걸요. 게다가 아프리카에서 여자의 노동력은 아주 귀하지요. 그러니 신부를 맞을 때는 가장 귀하게 여기는 소를 신부 집에 주는 게 당연한 일이지요.

마사이가 오늘 두 번째로 맞는 신부는 귓바퀴의 구멍이 크고 아주 예뻐요. 귀는 마사이족이 미인으로 판단하는 첫 번째 조건이거든요. 마사이는 아주 신이 났답니다.

마사이족은 신부를 여러 명 맞아도 신랑이 준비할 건 그다지 많지 않아요. 터를 잡아 놓으면 결혼식

을 마친 신부가 나뭇가지와 진흙으로 집을 짓거든요.

 첫 번째 부인도 그랬어요. 두 번째 부인은 그 옆에 또 집을 짓겠지요. 그럼 신랑 집은 어디에 짓느냐고요? 신랑 집은 따로 없어요. 부인의 집을 마음대로 골라 들어가면 되니까요.

 마사이족의 추장은 열 명까지 부인을 맞이할 수 있답니다. 그런데 마사이족은 용감한 남자만 추장의 허락을 받아 결혼식을 올릴 수 있어요. 처음 결혼을 하기 위해 마사이도 밀림 속에 들어가 사자와 맨손으로 싸워 이기는 시험을 치렀어요. 그래야만 씩씩한 전사가 될 수 있고, 자기가 원하는 신부를 차지할 수 있지요.

　알록달록 화려하게 몸을 치장한 신부가 마을 공터에 있어요. 마사이는 울긋불긋 마사이족 전통 문양으로 온몸을 아름답게 꾸민 신부와 함께, 마을 사람들이 다 모여 있는 한가운데서 결혼식을 올립니다.

　저 멀리서 사자가 결혼식을 내려다보네요. 마사이족과 사자는 앙숙이에요. 사자는 마사이족이 제일 귀하게 여기는 소를 잡아먹거든요. 결혼식을 하면서도 마사이의 머릿속에는 얼른 쫓아가서 저 사자를 잡아야 할 텐데 하는 생각이 가득합니다.

아프리카에서는 부인이 많을수록 부자

　아프리카에서는 결혼을 하려면 남자가 여자 집에 지참금을 지불하는 것이 보편적이에요.

　아프리카는 농경사회라서 여자의 출산 능력은 곧 일할 사람을 낳을 수 있는 수단이거든요. 아프리카에서는 남자보다는 여자의 노동력이 훨씬 더 중요해요. 그래서 마사이족처럼 결혼을 한 남자라도 가장 큰 재산인 소가 늘어나면 부인을 한 명씩 더 늘려 나가는 경우가 많아요.

　부족의 추장은 부인을 서른 명까지 맞기도 한대요. 우간다에 사는 간다족은 지참금을 낼 능력만 있으면 얼마든지 부인을 맞을 수가 있어서 왕의 경우 부인이 수백 명에 이르기도 한답니다.

결혼식이 끝나면 사람들은 밤새도록 음식을 나누어 먹습니다. 그리고 용맹한 무사의 춤을 추며 신혼부부에게 축복을 보내지요.

말라위에서 신부를 맞으려면?

아프리카 동남부에 있는 공화국 말라위에서는 보통 연애결혼을 하는 사람의 경우, 남자가 마음에 들면 여자는 그 남자에게 자기 가족을 만나 보라고 해요. 남자는 몇 주 동안 주말마다 여자네 집을 찾아간답니다. 일이 잘되어 남자가 여자의 가족들과 지내는 게 편하다고 생각하면 마침내 청혼을 해요. 그러면 여자가 "좋아요, 삼촌하고 얘기해 볼게요."라고 대답하지요.

실제로 여자는 어머니와 상의하고, 어머니는 아버지와 상의하며, 아버지는 자기 부인의 오빠나 자신의 남동생, 즉 여자의 삼촌과 상의해요. 그러면 신부의 삼촌이 신랑 될 사람의 삼촌과 만나지요. 이때 신부의 삼촌이 지참금 얘기를 꺼내요.

지참금은 보통 돈으로 하는데, 암소 같은 가축으로 치를 때도 있어요. 신부의 삼촌은 가족을 대신해서 신랑의 가족에게 얘기를 건넨 대가로 '입값'이라는 것을 받지요. 이 모든 일이 끝나면 마침내 결혼식 계획을 세운답니다.

보통 신랑의 가족이 지참금과 더불어 결혼식과 음식, 음료, 교통비 등 결혼식 이후의 피로연 비용도 부담해요. 신랑이 부자라면 돈을 아주 많이 쓰지요.

남자가 부담해야 할 결혼식 비용이 이렇게 크다 보니 말라위에는 결혼을 못한 젊은 남자들이 많아요.

신부는 결혼식에 참석한 다른 사람들처럼 목에 '카닥'이라는 흰 천을 둘렀어요. 카닥은 고승을 만날 때 올리는 중요한 공양이랍니다. 양팔을 넓게 벌린 정도 길이의 목도리 같은 천인데, 척박한 고원 지대인 티베트에서는 꽃이 너무 귀하기 때문에 꽃 대신 카닥을 올린답니다.

♥ 2

여러 명의 남자와 결혼할 수 있어요

티베트

티베트 고원의 일처다부제 결혼식

세계의 지붕, 티베트는 1년 내내 바람이 강하게 부는 춥고 건조한 땅입니다. 그래서인지 티베트 사람들의 뺨은 언제나 발그레하게 물들어 있지요. 티베트는 고도 4,000킬로미터 위에 지어진 나라예요.

중국 사람들이 티베트를 억지로 자기 나라로 만들려고 하지만, 달라이 라마의 고향 티베트는 원래 오랫동안 중국과 분리되어 생활해 왔던 곳이랍니다.

'타시'는 티베트의 시골 마을에서 태어났는데, 공부를 하기 위해 잠깐 중국의 라싸에서 지내고 있어요. 하지만 오늘은 특별한 날이라서 잠시 공부를 접어 두고 부족들이 사는 고향으로 왔어요. 바로 타시의 형이 결혼하는 날이자, 타시 자신도 결혼하는 날이거든요. 티베트에서는 형제 중 맏형이 결혼을 하면 동생들은 새로 결혼하지 않고 모두가 형수의 남편이 되는 오랜 풍습이 있어요. 일종의 '일처다부제(一妻多夫制 한 아내에게 둘 이상의 남편이 있는 제도)'라고 할 수 있는데, 이런 풍습은 티베트가 오래전부터 어머니 중심의 모계 사회였기 때문에 그렇답니다.

우리나라를 포함해 세계 여러 나라들은 주로 아버지, 즉 부계를 중심으로 대를 잇지만, 아직 티베트 같은 몇몇 나라에서는 어머니를 중심으로 대를 잇는 모계 사회가 남아 있어요. 때문에 한 여자가 형제 여러 명을 남편으로 맞는 일은 티베트에서는 흔한 일이에요. 그래서인지 티베트에는 성씨가 없고 이름만 있답니다. 한 여자를 아내로 맞이해도 형제 사이에 질투나 다툼 같은 것은 없어요.

티베트에는 예전부터 여자가 귀했어요. 당연히 여자의 일손도 귀했지요. 결혼한 여자는 보통 집안 살림과 자녀 양육을 도맡아 책임지고, 결혼한 남자는 아내의 일을 거들면서 아내에게 의지해 살아가기 때문에, 티베트에서 여성의 권한은 다른 곳과는 비교가 안 될 정도로 막강하답니다.

티베트인의 이런 풍습은 독특한 자연환경 때문이에요. 티베트인은 춥고 건조한 초원에서 가축을 기르며, 그 짐승의 가죽으로 만든 외투와 모자를 몸에 걸쳐요. 또 가축의 고기와 우유, 치즈를 주식으로 먹으며, 야크

의 털로 짠 피륙으로 천막집을 짓지요. 이렇게 여자 손이 많이 가는 일이 대부분이다 보니 여자의 손이 귀하고 소중할 수밖에 없어요.

주례를 볼 라마승이 도착하고 결혼식이 시작되었어요. 신부가 고개를 푹 숙인 채 들어와요. 신부는 결혼식 전에 신랑의 얼굴을 절대 보면 안 되거든요.

타시는 신부의 얼굴이 궁금해 죽을 지경이었어요. 결혼식이 끝나면 곧장 라싸로 돌아가야 하기 때문에 얼른 신부의 얼굴을 보고 싶었거든요.

신부는 결혼식에 참석한 다른 사람들처럼 목에 '카닥'이라는 흰 천을 둘렀어요. 카닥은 고승을 만날 때 올리는 중요한 공양이랍니다. 양팔을 넓게 벌린 정도 길이의 목도리 같은 천인데, 척박한 고원 지대인 티베트에서는 꽃이 너무 귀하기 때문에 꽃 대신 카닥을 올린답니다. 결혼식 역시 중요한 행사니 당연히 신께 공양을 바쳐야지요.

라마승이 형의 이름을 부르고 나머지 동생들의 이름도 모두 불렀습니다. 물론 타시의 이름도 불렀지요. 신부는 형제 전부를 남편으로 받아들이겠다는 맹세를 했어요. 이렇게 하면 결혼식의 중요한 행사는 거의 다 마친 셈이랍니다.

자, 결혼식이 끝났으니 이제 맛있는 음식을 먹으며 피로연을 치를 일만 남았네요. 티베트의 시골 마을에서 결혼식이란 마을 전체의 행사라서 결혼식을 보기 위해 이웃 마을 사람들은 물론, 멀리 사는 친척까지도 먼길

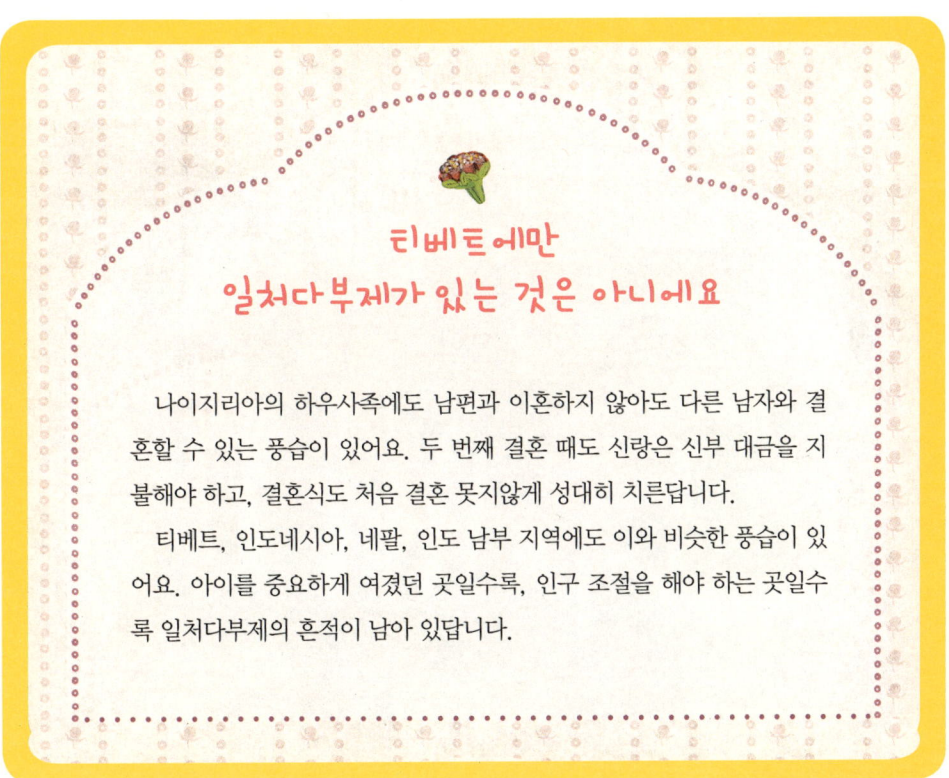

티베트에만 일처다부제가 있는 것은 아니에요

나이지리아의 하우사족에도 남편과 이혼하지 않아도 다른 남자와 결혼할 수 있는 풍습이 있어요. 두 번째 결혼 때도 신랑은 신부 대금을 지불해야 하고, 결혼식도 처음 결혼 못지않게 성대히 치른답니다.

티베트, 인도네시아, 네팔, 인도 남부 지역에도 이와 비슷한 풍습이 있어요. 아이를 중요하게 여겼던 곳일수록, 인구 조절을 해야 하는 곳일수록 일처다부제의 흔적이 남아 있답니다.

을 마다하지 않고 찾아오는 경우가 많습니다. 이렇게 어렵게 찾아온 친척들을 넉넉하게 대접하는 것은 너무도 당연한 일이에요.

여러 친척들을 대접하려면 아무래도 손이 많이 달릴 거예요. 타시는 음식을 먹으면서도 얼른 먹고 일어나 일손을 보태야겠다고 생각했답니다.

포탈라 궁

　티베트에는 유네스코 세계문화유산 '포탈라 궁'이 있습니다. 포탈라 궁은 달라이 라마가 살았던, 티베트 불교의 중심지입니다. 7세기 초 티베트 고원 부근을 통일한 티베트의 1대 왕 손챈감포는 당 태종에게 두 나라의 평화를 위해 당나라의 문성 공주와의 결혼을 제안했습니다. 포탈라 궁은 당나라 황제가 보낸 결혼 선물을 보관할 목적으로, 해발 3,700미터의 라싸를 내려다보고 있는 홍산의 꼭대기 위에 지은 궁전입니다. 궁전의 이름은, 티베트의 수호신인 관세음보살이 산다는 인도 남부의 산 이름을 따 '포탈라'라고 지은 것이랍니다.

　손챈감포와 문성 공주의 결혼은 티베트의 불교가 전해지는 중요한 계기가 되기도 했습니다. 중국 정부는 티베트 문화가 지닌 가치를 인정하여, 5년에 걸쳐 포탈라 궁을 대대적으로 복원하는 사업을 벌였답니다.

 드디어 신랑이 도착했습니다. 오고타이네 누나는 얼른 옆 게르로 가서 숨었어요. 신랑이 신부를 찾아야 하거든요. 신부를 찾고 나서도 신랑은 신부의 집에 갈 때 문 앞에서 들어가지 않으려고 한차례 실랑이를 해요. 이건 '가투취'라고 하는 몽골의 독특한 결혼 풍습이에요.

3

전쟁 같은 결혼식

몽골

초원에서 열리는 유목민의 야외 결혼식

오늘은 '오고타이' 누나의 '전쟁 같은' 결혼식이 있는 날입니다. 무더운 여름이 지나고 선선한 가을이 되는 이날을 오고타이네 식구가 얼마나 기다렸는지 몰라요. 우리나라 사람들도 날씨가 좋은 봄가을에 결혼식을 치르고 싶어하는데, 몽골 사람들도 마찬가지인가 봐요.

몽골 사람들은 생긴 모습도 우리 한국 사람과 비슷하고, 풍습도 비슷한 것이 많아요. 우리가 전통 결혼식 때 연지 곤지를 찍는 것이나, 아이가 태어나면 금줄을 걸치는 것도 사실 몽골에서 유래된 풍습이라고 하거든요.

오고타이네 식구가 좋은 날씨를 기다린 건, 몽골의 결혼식은 대부분 야외에서 열리기 때문이에요. 9월과 10월이 1년 중 가장 안정적인 날씨를 보이기 때문에 몽골에서는 결혼식을 주로 가을에 많이 치른답니다. 너른 초원과 사막이 국토의 90퍼센트 이상을 차지하는 몽골에서는 야외에서 생활하는 게 당연한 일이에요. 그래서 모든 활동이 자연과 더불어 이루어지지요.

오고타이네 누나는 오늘 이웃 마을의 잘생긴 청년과 결혼식을 올린답니다. 오고타이네 엄마는 새신랑이 말 타기도 잘하고 듬직한 게 여간 마음에 드는 게 아니었어요. 새신랑은 이 근방에서 말과 양도 제일 많이 가지고 있었지요. 말과 양처럼 사막에서 요긴한 동물을 많이 갖고 있다는 건 재산이 아주 많다는 뜻이에요. 그런데 결혼식이 왜 전쟁 같냐고요? 조금만 더 읽다 보면 금세 눈치챌 수 있을 거예요.

몽골 사람들은 '게르'라고 하는 둥근 천막에서 살아요. 게르는 쉽게 지었다가 다시 해체할 수 있는 몽골식 천막집이에요. 전통적으로 유목 생활을 해 온 몽골 사람들에게는 간편하게 지었다가 다시 쉽게 분해할 수 있는 게르야말로 안성맞춤 가옥 형태랍니다.

지금 게르 안에는 잔치 음식이 한가득 쌓여 있어요. 밀가루를 튀겨 높이 쌓아 올린 '보브'도 있고, 양고기 돌찜 요리 '허르헉'도 한 그릇 수북이 있어요. 허르헉은 뜨겁게 달군 돌과 양고기를 함께 넣은 다음, 땅속에 묻어 두었다가 먹는 음식이에요. 바람이 많이 부는 야외에서 생활하는 몽골 사람들에게 이 돌찜 요리법은 불꽃이 날리지 않는 데다 열 손실이 비교적 적어서 아주 유용하지요.

오래전부터 오고타이네 엄마는 말젖을 발효시켜 만든 아이락(마유주)을 가죽 부대마다 잔뜩 채워 놓았어요. 만약 모자랄 경우에는 옆 게르에서 빌려오기로 미리 약속까지 해 두었습니다.

몽골에서는 결혼식이 보통 며칠씩 이어지는데, 만약 아이락이 모자라기라도 하면 정말 대단한 집안 망신이거든요. 그렇게 되면 신랑 집에서 신부 집을 무시할지도 모른대요.

드디어 신랑이 도착했습니다. 오고타이네 누나는 얼른 옆 게르로 가서

숨었어요. 신랑이 신부를 찾아야 하거든요.

 신부를 찾고 나서도 신랑은 신부의 집에 갈 때 문 앞에서 들어가지 않으려고 한차례 실랑이를 해요. 이건 '가투취'라고 하는 몽골의 독특한 결혼 풍습이에요. 그러면서 신랑은 신부 대금을 흥정하면서 시끌벅적한 잔치 분위기를 만드는데, 이것은 우리나라의 '함잡이 놀이'하고 아주 비슷해요.

 실은 어제 신랑이 신부 집에 미리 인사하러 왔었어요. 그때 오고타이네 엄마는 신랑에게 활과 새 옷, 차를 선물로 주었어요. 그래서 오늘은 신랑이 소, 말, 양을 한 마리씩 답례로 가지고 왔답니다. 예전에는 청혼할 때 동물의 젖이라든가 유제품을 보내곤 했어요. 몽골은 유목민의 나라기 때문에 결혼식에도 그 특징이 그대로 나타나요. 신랑이 신부에게 청혼할 때 우유와 유제품을 보내는 것만 보아도 알 수 있지요.

몽골은 건조하고 물이 귀하기 때문에 평소에 물 대신 가축의 젖을 먹어요. 그러니 우유나 유제품은 몽골 사람들의 삶에서 절대 빠질 수가 없지요. 사실 물이 귀한 초원이라 젖을 물 대신 마시기도 했지만, 하얗고 깨끗한 젖이 잡귀를 물리친다는 상징적인 의미도 있었어요.

몽골 사람들은 라마교를 주로 믿기 때문에 결혼식은 라마승이 진행합니다. 그리고 결혼식 손님에 외국 사람이 끼어 있으면 굉장한 행운으로 여긴답니다. 그래서 근처 초원에 여행하는 외국인이 있으면 반드시 데려다가 결혼식을 함께 즐기지요.

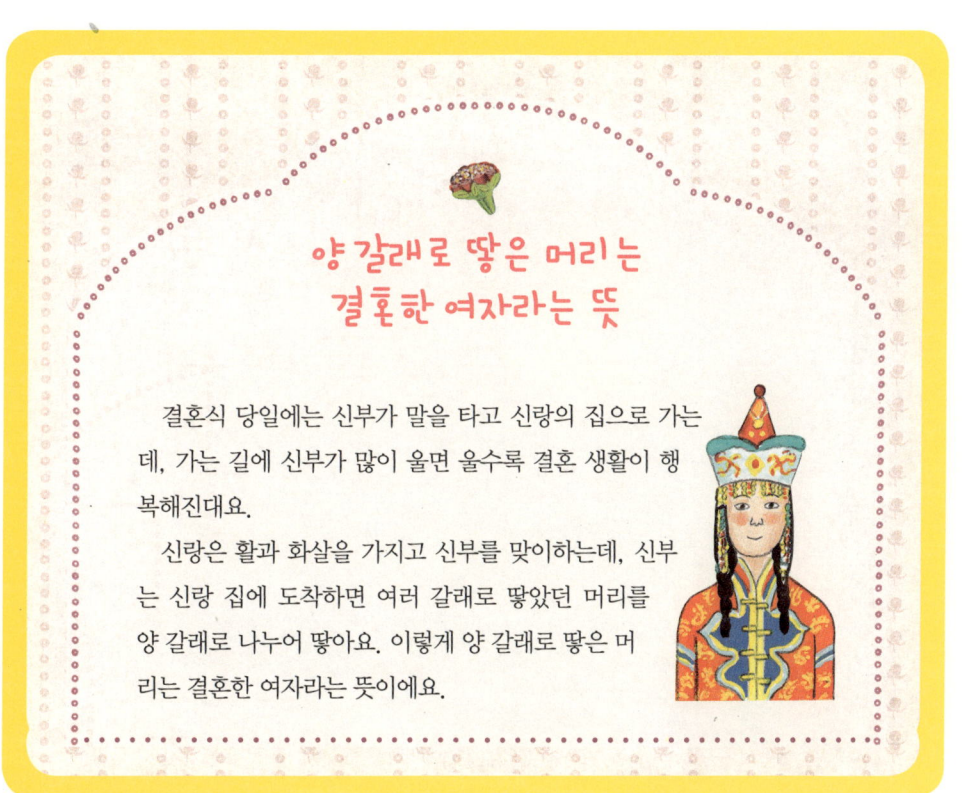

양 갈래로 땋은 머리는 결혼한 여자라는 뜻

결혼식 당일에는 신부가 말을 타고 신랑의 집으로 가는데, 가는 길에 신부가 많이 울면 울수록 결혼 생활이 행복해진대요.

신랑은 활과 화살을 가지고 신부를 맞이하는데, 신부는 신랑 집에 도착하면 여러 갈래로 땋았던 머리를 양 갈래로 나누어 땋아요. 이렇게 양 갈래로 땋은 머리는 결혼한 여자라는 뜻이에요.

신랑이 신부와 함께 말을 타고 신부네 게르를 세 바퀴 돌았어요. 이제 흥겨운 피로연이 시작됐어요. 사람들은 게르 안에서 먹고 마시며 신 나게 즐깁니다. 신부 집에서 흥겨운 피로연이 끝나면 신랑 집으로 가서 또 피로연을 해요. 신부 집에서 받은 대접에 경쟁하듯 어찌나 음식과 아이락을 잔뜩 내놓고 먹으라고 권하는지, 웬만한 사람들은 지쳐서 근처 풀밭에 뻗어 있지요.

　어때요, 신부 가족과 신랑 가족이 서로 경쟁하듯 음식 접대를 하는 것이 꼭 '전쟁'을 치르는 것 같지 않나요?

피 한 방울 흘리지 않고 잡은 양고기

　너른 초원이 다 자기 집 앞마당인 몽골 사람들에게 중요한 식량 중 하나가 바로 양고기입니다. 몽골 사람들은 양을 잡는 일도 역시 초원에서 하는데요, 혹시라도 양의 피 냄새를 맡고 사나운 야생 동물이 달려들까 봐 피 한 방울 흘리지 않고 양을 잡습니다. 몽골 사람들이 양을 잡는 기술은 보면 볼수록 감탄스러울 정도예요. 게다가 식량이 귀하기에 양고기의 어느 부위 하나도 버리지 않아요.

　참, 몽골 사람들은 채소를 즐겨 먹지 않아요. 원래 농사를 짓지 않고 여기저기 떠돌아다니기 때문에 텃밭을 가꿀 수가 없었거든요. 그래서 지금도 샐러드를 먹는 사람들을 보면, '사람이 말과 양이나 먹는 풀을 먹는다.'며 낯설어한답니다.

바닷가 저 멀리 서서히 땅거미가 내려앉으니 왠지 더 근사한 결혼식이 될 것 같아요. 교회 문 앞에 도착하면 신부의 아버지가 신부의 손을 잡고 식장으로 들어간답니다. 신랑은 벌써 식장 안에 들어가 신부를 맞을 준비를 하고 있지요.

♥ 4

누구 이름이
구두 바닥에서
제일 많이 지워졌을까?

그리스

머리에 화환을 쓰고 제단을 세 번 도는 그리스 정교회 결혼식

지중해의 나라 그리스는 사계절 눈부신 햇살이 아름다운 나라예요. 결혼식도 지중해의 날씨만큼이나 아름답죠. '톨라'는 이모의 결혼식에 들러리가 되기로 했어요. 들러리는 결혼식의 주인공인 신부를 졸졸 따라다니며 드레스도 잡아 주고, 나중에 결혼식이 끝나면 행복을 비는 뜻으로 쌀과 색종이를 뿌리기도 해요. 하지만 아까부터 앞에 서서 톨라를 가리는 사람이 있어요. 바로 '콤바로스'라는 사람인데요, 콤바로스는 신랑, 신부의 머리에 예쁜 화환도 얹어 주고, 결혼식의 증인도 되어 주는 사람이에요. 보통은 신랑의 대부나 제일 친한 친구가 콤바로스가 되지요. 콤바로스가 결혼식에서 중요한 사람이긴 하지만, 계속 톨라보다 앞에서 움직이니까 예쁜 톨라의 모습이 사람들한테 잘 안 보여서 톨라는 속이 상했어요.

그리스에서는 보통 토요일이나 일요일 밤에 교회에서 결혼식을 올려요. 결혼식 날 저녁에 신랑은 콤바로스와 함께 신부 집으로 신부를 데리러 갑니다.

신부는 한쪽 팔로는 신랑, 다른 한쪽 팔로는 콤바로스의 팔짱을 끼고, 결혼식을 올리기로 한 교회로 가지요. 가는 내내 동네 사람들도 뒤를 따

　르며 악기를 연주하고 흥겨운 노래를 불러 줘요. 톨라도 무척이나 신이 났답니다.

　바닷가 저 멀리 서서히 땅거미가 내려앉으니 왠지 더 근사한 결혼식이 될 것 같아요. 교회 문 앞에 도착하면 신부의 아버지가 신부의 손을 잡고 식장으로 들어간답니다. 신랑은 벌써 식장 안에 들어가 신부를 맞을 준비를 하고 있지요.

　신부가 신랑에게 다가가면 결혼식이 시작돼요. 촛불을 밝히고 서로 반지를 교환하고 나면 쿰바로스가 서로 연결된 두 개의 화환을 신부와 신랑의 머리 위에 얹어 줘요. 이 두 개의 화환은 끈으로 서로 연결되어 있어요. 화환을 쓴 신부의 모습은 정말 그리스 여신 같았어요.

　신랑, 신부는 성서에 입을 맞추고 제단을 세 번 돌아요. 그러고 나면 톨라가 중요한 역할을 해야 할 순간이 오지요. 신혼부부에게 쌀을 뿌려야

할 때거든요. 쌀을 뿌리는 것은 아이를 많이 낳으라는 뜻이래요.

톨라는 미리 오려 온 색종이도 뿌렸어요. 오색찬란한 색종이를 뿌릴 때는 정말이지 톨라가 결혼식의 주인공이 된 것만 같았답니다. 정말 멋진 결혼식이죠?

이제 교회에서의 결혼식은 끝났어요. 하지만 정작 중요한 것은 예식이 아니라 그 뒤의 피로연이에요. 예식이 끝나면 사람들은 모두 교회에서 나와 근처에 마련된 장소로 향한답니다. 그곳에서 서로 손을 맞잡고 신부와 같이 춤을 추면 결혼식은 절정에 다다르지요. 모두 손뼉을 치며 신 나게 춤을 추고, 신혼부부에게 선물도 줘요.

피로연에서는 여러 가지 재미있는 게임도 즐기는데요, 그중 마지막에 하는 아주 중요한 행사가 하나 있답니다. 그게 뭐냐고요? 신 나는 춤과 노래를 끝마치면 사람들은 모두 신부에게 모여들어요. 바로 신부의 구두 바닥에 미리 적어 둔 이름을 보기 위해서예요. 결혼식을 하기 전에 신부는 친구와 친척들의 이름을 구두 바닥에 빼곡하게 적어 둔답니다. 그중 제일 많이 닳아 없어진 이름의 주인이 그다음으로 결혼하게 된대요! 우리나라에서는 신부의 부케를 받는 사람이 다음으로 결혼하게 된다는 얘기가 있는데, 나라마다 비슷한 속설이 있는 모양입니다. 그런데 누구 이름이 신발 바닥에서 제일 많이 지워졌을까요? 설마 톨라는 아니겠지요?

들러리는 왜 서는 걸까?

요즈음에는 우리나라에서도 신부의 친한 친구나 친척들이 들러리를 서는 것을 종종 볼 수 있어요. 서양의 결혼식에서는 신부나 신랑의 들러리를 모두 볼 수가 있습니다.

들러리의 유래를 정확히 알기는 쉽지 않아요. 옛날에 신부를 훔쳐 가는 일이 흔했던 때 신부를 위험에서 보호하기 위해 들러리를 세웠다는 이야기도 있고, 신부와 비슷한 옷차림을 한 들러리를 세워 나쁜 요정을 혼란에 빠뜨리려고 했다는 이야기도 있어요. 고대 로마 시대에는 신부에게 구혼했다가 거절당한 구혼자가 친구들을 동원해 신부를 납치하는 소동이 심심찮게 일어나곤 했답니다. 그래서 로마 시대에는 적어도 들러리 열 명을 세우는 게 법이었다고 하니, 들러리라는 전통의 역사가 생각보다 긴 거만은 틀림없네요.

그런데 예의상 들러리는 신부보다 예쁘게 치장하면 안 된다고 하잖아요. 그럼 가장 예쁜 사람이 신부인 것을 나쁜 요정도 금세 알 수 있을 텐데, 굳이 들러리가 없어도 될 것 같지 않아요?

결혼식 당일, 신성한 물로 목욕을 해요

결혼식 날, 신부와 신랑은 그리스 사람들이 신성하다고 믿는 '칼리로에'라는 연못에서 떠 온 물을 가득 채운 욕조에서 목욕해요. 그러면 복 많은 아이를 낳을 수가 있다는 믿음 때문이에요. 또 결혼식에서 색종이 조각과 쌀을 뿌리는 것은 복을 많이 받으라는 의미로, 고대 그리스 시대부터 내려오는 풍속이랍니다.

그리스의 결혼 예식은 주로 밤에 열리는데, 신부는 첫날밤을 위하여 예쁘게 꽃단장을 하고 면사포를 쓴 다음 신랑, 친척, 친구들과 함께 성당까지 행진하지요. 친척들은 보통 선물을 들고, 신부의 어머니는 횃불을 들고 따라가요. 영화 〈맘마미아〉나 〈나의 그리스식 웨딩〉을 보면 그리스의 결혼 풍습이 비교적 잘 나타나 있어요.

그리스 전통 결혼식에서는 순결한 소녀가 성인이 된다는 의미로 신부가 머리를 자르거나, 결혼 전에 입어 왔던 옷을 버리거나, 신성한 연못에서 목욕을 하고 머리카락 한 움큼을 잘라 신에게 바치는 의식을 함께하기도 했답니다.

아버지와 입장한 신부가 신랑의 왼쪽에 무릎을 꿇었어요. 그럼 결혼식이 시작된 거예요. 신랑과 신부는 왼손 네 번째 손가락에 서로 반지를 끼워 주고, 결혼 서약서에 증인들과 함께 서명을 했지요. 그 순간 성당 2층에서 아름다운 오르간이 연주되고 수많은 플래시가 터졌어요. 죠반나의 언니는 눈물을 터뜨렸지요.

5
신부가 포도주와 콘페티를 직접 나눠 줘요
이탈리아

이탈리아 성당의 유서 깊은 가톨릭 결혼식

이탈리아에서는 여자아이가 태어나면 포도주부터 담가요. 그래야 나중에 그 아이가 자라 결혼식을 치를 때 손님들에게 포도주를 대접할 수 있거든요. '죠반나'의 엄마도 그랬어요. 죠반나의 언니가 태어났을 때도, 죠반나가 태어났을 때도 포도주를 담갔지요.

죠반나의 언니는 밀라노의 한 디자인 회사에서 근무하느라 고향인 시칠리아 섬을 한동안 떠나 있었지만, 결혼식만큼은 고향에 있는 오래된 성당에서 하고 싶었어요. 그래서 며칠 전 고향으로 내려왔답니다.

결혼식 날 아침, 신랑이 보낸 꽃다발이 도착했어요. 꽃다발도 예뻤지만 사실 그날의 신부인 죠반나 언니만큼 예쁘지는 않았어요. 결혼식 전에 신랑은 웨딩드레스를 입은 신부의 모습을 보면 안 돼요.

결혼식 날 죠반나의 아빠가 언니를 데리고 성당으로 들어설 때 죠반나가 보니 신랑은 입이 귀에 걸려서 다물지를 못하더라고요. 드레스를 입은 죠반나의 언니가 아주 예뻤거든요. 신부의 드레스는 '순수'와 '순결'을 상징하는데, 하얀색은 순수함과 깨끗함을 드러내기에 더할 나위 없이 좋은 색 같아요.

새하얀 드레스를 입은 언니의 모습을 보고 놀란 것은 죠반나도 마찬가

지었어요. 게다가 아빠가 언니의 손을 잡고 걸으며 내내 눈물을 흘리는 모습은 정말 감동적이었어요. 이탈리아 사람들은 기쁨과 슬픔 같은 감정을 솔직하게 표현하는 것을 별로 부끄러워하지 않아요(어떤 나라 사람들은 장례식장에서 검정색 선글라스를 써서 우는 모습을 감추지만, 이탈리아 사람들은 절대로 그러지 않는답니다.).

아버지와 입장한 신부가 신랑의 왼쪽에 무릎을 꿇었어요. 그럼 결혼식이 시작된 거예요. 신랑과 신부는 왼손 네 번째 손가락에 서로 반지를 끼워 주고, 결혼 서약서에 증인들과 함께 서명을 했지요. 그 순간 성당 2층에서 아름다운 오르간이 연주되고 수많은 플래시가 터졌어요. 죠반나의 언니는 눈물을 터뜨렸지요. 사실은 가족 모두가 기쁨의 눈물을 흘렸답니다. 가족들은 신부와 신랑에게 잘 살라는 뜻으로 쌀과 사탕을 뿌려 주었어요. 이제 피로연 장소로 출발!

　예식은 성당에서 조용하게 치렀지만, 피로연은 바다가 훤히 내려다보이는 언덕에서 할 거예요. 신랑, 신부는 꽃과 하얀색 리본으로 장식한 차를 타고 시내를 한 바퀴 돌아 피로연 장소로 와요. 신랑, 신부의 친구들도 그 뒤를 따라 경적을 빵빵 울리며 달려오지요.

　식탁 위에는 온갖 음식이 한가득이에요. 정말 상다리가 휘어질 정도예요. 가운데에는 탐스런 포도송이도 한자리를 차지하고 있어요. 하얀 생크림으로 만든 웨딩 케이크도 신부가 입은 옷만큼이나 새하얗게 빛났답니다. 신랑, 신부는 케이크를 자르고 입맞춤을 한 다음, 잔 가득 포도주를 따라 마셨지요. 손님들은 모두 즐겁게 박수를 쳐 주었어요.

이제, 손님들에게 케이크와 포도주를 나누어 줄 시간이에요. 신부가 태어났을 때 담근 바로 그 포도주를 신부가 직접 돌아다니며 손님들의 잔에 따라 주지요. 신랑은 신부를 따라다니며 은쟁반 위에 담긴 '콘페티'를 나눠 줘요(콘페티는 초콜릿 위에 설탕을 입혀 만든 건데, 신혼부부를 기억해 달라는 뜻이 있답니다.). 사람들은 맛있는 음식을 실컷 먹고 마시면서 즐거운 시간을 보내지요. 가끔씩 짓궂은 게임을 하기도 해요. 서로의 입장을 잘 이해하길 바라는 마음에 신랑은 여자가 하는 일을, 신부는 남자가 하는 일을 해 보기도 해요.

어느 정도 분위기가 무르익으면 신혼부부는 손님들을 뒤로하고 신혼여행을 떠납니다. 신혼여행을 떠나기 전에는 꽃과 하얀색 리본으로 장식한

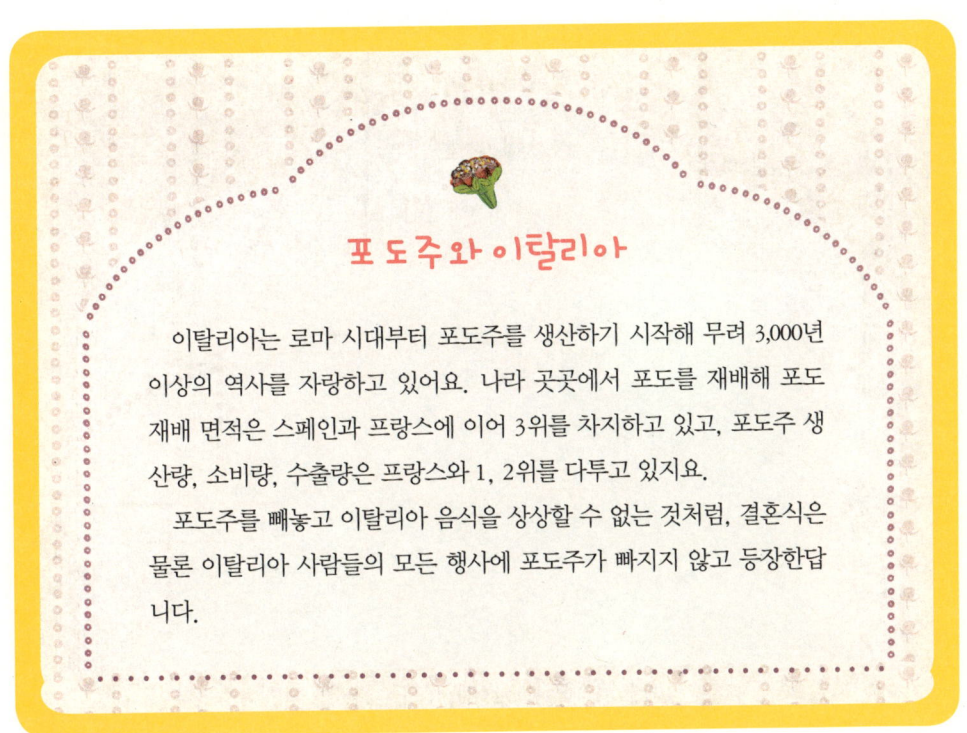

포도주와 이탈리아

이탈리아는 로마 시대부터 포도주를 생산하기 시작해 무려 3,000년 이상의 역사를 자랑하고 있어요. 나라 곳곳에서 포도를 재배해 포도 재배 면적은 스페인과 프랑스에 이어 3위를 차지하고 있고, 포도주 생산량, 소비량, 수출량은 프랑스와 1, 2위를 다투고 있지요.

포도주를 빼놓고 이탈리아 음식을 상상할 수 없는 것처럼, 결혼식은 물론 이탈리아 사람들의 모든 행사에 포도주가 빠지지 않고 등장한답니다.

차를 타고 시내를 드라이브하는데, 친구들이 차로 쫓아가며 경적을 빵빵 요란스럽게 울리며 한껏 즐거운 기분을 냈답니다. 이제 두 사람만의 오붓한 시간을 가질 때가 됐어요. 죠반나는 떠나는 두 사람의 뒷모습을 바라보며 아쉬운 듯 한참 동안 손을 흔들었어요.

    신혼부부가 여행을 떠난 뒤에도 손님들은 악단이 연주하는 음악에 맞추어 춤을 추며 신 나는 피로연을 계속 즐겼지요. 이탈리아 사람들은 정말이지 이런 떠들썩한 잔치를 무척 좋아하는 것 같아요.

결혼 서약서

이탈리아에서는 주로 신부의 집 근처에 있는 성당에서 결혼식을 올려요. 보통 결혼식 전에 신부와 신랑은 구청에 가서 결혼에 필요한 서류를 제출하고, 성당에 가서 신부님을 만나 결혼 서약서를 작성하지요.

사실 교회나 성당 등에서 결혼식을 하는 것은 결혼을 약속하는 맹세를 하기 위해서예요. 신 앞에서 서로에 대한 사랑을 굳게 맹세하고 서로에게 충실할 것을 약속하는 것이기 때문에 하느님이 내려다보는 곳에서 해야 그 약속이 더 오래가고 견고할 것이라 믿었거든요. 결혼 서약서를 작성할 때는 결혼식에 참석하는 사람들 중 가장 친한 친구를 증인으로 세우기도 해요.

신랑이 신부에게 끼워 주는 결혼반지는 아무런 장식이 없는 순금으로 되어 있어요. 보석도 박혀 있지 않아요. 반지에 보석을 박거나 장식을 하려면 홈을 내거나 구멍을 뚫어야 하는데, 그렇게 되면 결혼반지의 가치가 떨어지게 된다고 생각하기 때문이지요.

빠삭! 유리잔을 부수어야 제맛!
이스라엘

 가장 기쁠 때 가장 슬픈 순간을 되새기는 유대인 결혼식

"**애개**, 무슨 결혼식이 이래?"

처음 이모의 결혼식을 본 '사울'은 볼멘소리를 했습니다. 유대인 결혼식을 처음 보는 사람들은 종종 사울처럼 실망해요. 그도 그럴 것이 유대인들은 저녁나절에 신부나 신랑 집에서 조촐하게 결혼식을 올리거든요.

집 정원에 '후파'라는 자그마한 하얀 천막을 치고, 그 안에 신랑, 신부가 랍비를 마주보고 서 있어요.

천막 기둥을 잡고 있는 사람들은 신랑의 친구들인데, 친구들의 옷도 평소의 옷차림과 별로 다를 게 없어요. '야먹스'라는 머리에 딱 달라붙는 하얀 모자를 더 쓰고 있을 뿐이에요.

그럼 신부와 신랑의 옷은 어떨까요? 신랑, 신부는 순결을 상징하는 수수한 흰색 옷을 입고, 신부는 면사포로 얼굴을 가렸어요.

신랑, 신부는 지금 몹시 배가 고플 거예요! 결혼식 날 아침부터 아무것도 먹지 못했으니까요. 경건한 마음으로 그간의 잘못을 뉘우치고, 새로운 가정을 이룰 마음의 준비를 하라는 뜻으로 이스라엘에서는 결혼식 날에 금식을 한답니다(보통 결혼식은 밤에 열리고, 별이 보이기 시작하면 금식도 끝나지요.).

이제 결혼식이 시작되었습니다. 신랑이 오른손으로 결혼반지를 들고 증인 둘을 세우고 신부에게 서약합니다.

"이 반지를 앞에 두고 결혼을 맹세합니다. 모세와 이스라엘의 율법에 따라 당신은 나의 아내가 되었습니다."

아, 정말 멋진 순간이지요! 이 순간이 유대인의 결혼식에서 가장 중요한 순간이에요.

신랑이 신부에게 끼워 주는 결혼반지는 아무런 장식이 없는 순금으로 되어 있어요. 보석도 박혀 있지 않아요. 반지에 보석을 박거나 장식을 하려면 흠을 내거나 구멍을 뚫어야 하는데, 그렇게 되면 결혼반지의 가치가 떨어지게 된다고 생각하기 때문이지요.

자, 이제 주례를 보는 랍비가 포도주를 가득 채운 잔을 들고 축복을 빌어 줍니다. 신부와 신랑은 그 포도주를 나누어 마시지요.

이제 예식이 끝났어요. 그 순간 신랑이 하얀 천으로 감싼 유리잔을 발로 밟아 깨뜨렸어요. 사울은 멀쩡한 잔을 깨뜨리는 게 너무나 이상했어요. 하지만 유리잔을 깨뜨리자마자 사람들이 "마잘톱(Mazal tove 축복을 빈다는 뜻)!" 하고 외치는 것 아니겠어요? 때 맞추어 신 나는 음악

도 흘러나오고요.

 사람들은 모두 손뼉을 치고 춤을 추며 신랑, 신부의 주위를 일곱 바퀴 돌아요. 그래야 신혼부부가 잘 산대요. 신랑, 신부가 의자에 앉자 결혼식을 축하해 주러 온 손님들이 의자를 하늘 높이 추켜올렸어요. 새로 태어난 부부는 마치 왕과 왕비 같았답니다.

 잔을 깨뜨리는 것에는 여러 가지 뜻이 있어요. 한번 깨진 유리잔은 원래대로 돌아올 수가 없잖아요. 이렇듯 결혼도 되돌릴 수가 없다는 것을 다시 한 번 되새기자는 뜻이 있어요.

또 가장 기쁜 날에 가장 슬픈 날을 되새기며 인간의 행복이란 것이 얼마나 덧없는 것인가를 생각하자는 뜻도 담겨 있어요. 흰 천으로 유리잔을 감싸는 이유는 혹시라도 유리 조각이 튀어 사람들이 다칠까 봐 그러는 거래요.

이런 풍습이 이스라엘에만 있는 것은 아니에요. 아시아의 몇몇 나라와

결혼반지는 언제부터 하기 시작했을까요?

결혼식에 빠뜨릴 수 없는 결혼반지의 유래는 서양 그리스도교의 풍습이라고 전해집니다. 금 또는 은으로 만든 반지 안쪽에 신랑, 신부의 이름과 결혼 날짜 등을 새기기 시작한 것이 시초였다고 해요.

왼손 네 번째 손가락에 결혼반지를 끼는 것도 그 손가락의 혈관이 심장과 이어져 있다는 고대 그리스인의 신앙에서 나온 관습이라고 합니다.

하지만 그리스도의 영향을 받지 않던 때 우리나라에서도 가락지를 껴 온 걸 생각해 보면 결혼반지가 굳이 서양의 전통이라고만 할 수는 없을 것 같아요. 반지는 결혼했다는 것을 나타내는 표시기도 하지만, 사랑의 약속을 드러내 보이기 위한 상징으로 널리 쓰이는 물건이기도 하니까요.

독일에도 결혼할 때 도자기로 만든 그릇을 깨는 풍습이 있어요. 독일에서는 신랑과 신부의 친구들이 결혼식 전날에 낡은 접시 몇 개를 가져와서 신혼부부가 살 집의 문 앞에서 깨뜨려요. 잡귀가 놀라 도망가길 바라는 마음과 신혼부부에게 행운을 가져온다는 믿음 때문이랍니다.

보석을 두고 맹세하지 않는 결혼

아미시 사람들은 개신교의 일파로, 17세기 이후에 종교 탄압을 피해 유럽에서 이주한 독일계 이민자들이에요. 현재는 주로 미국의 펜실베이니아, 오하이오, 인디애나 주 등에 살면서 엄격한 규율에 따라 생활하고 있지요. 이들은 각종 문명의 혜택을 거부하고, 신앙 활동 역시 교회에 모이지 않고 각자 집에서 예배를 드려요.

아미시 사람들은 보석을 두고 맹세하지 않기 때문에 결혼할 때 반지를 교환하지 않아요. 그리고 결혼식 때 입을 옷을 직접 준비하지요. 아미시 사람들은 주로 추수가 끝난 11월에 집에서 결혼식을 올리고, 신혼여행은 가지 않고 주말마다 친척 집을 방문해 선물을 받는답니다.

혼인 계약이 성사되고 신부 대금을 지불하면 곧장 결혼식을 올립니다. 요즈음에는 따로 호텔의 피로연장을 빌려서 결혼식을 하기도 하는데요, 예전에는 모스크(사원)라든가, 신랑의 집에서 치렀어요. 누르의 오빠도 집에서 결혼식을 올리기로 했답니다.

♥ 7

결혼식은 **간단**하게,
결혼 서약은 **확실**하게!

모로코

 혼인 계약서에 신부 대금을 꼭 적는
이슬람 결혼식

'누르'의 오빠는 무슬림입니다(무슬림은 이슬람교를 믿는 사람들을 가리키는 말이에요.). 이슬람교는 세계 4대 종교 중 하나로, 세계 인구의 20퍼센트 이상이 무슬림일 정도로 많은 사람들이 알라(아랍어로 '신'이라는 뜻)의 가르침을 따르고 있답니다.

이슬람교는 세계 곳곳으로 전해지면서 그 지역의 풍토나 문화와 밀접한 관계를 맺으며 다양한 방식으로 퍼져 나갔어요. 같은 이슬람교를 믿는 나라라 하더라도 사우디아라비아나 이란, 쿠웨이트 같은 나라에서는 종교법이 굉장히 엄격해서 외국인 여자도 그 나라에 들어갈 때는 얼굴을 가리는 히잡을 써야 한답니다.

하지만 서구 문화의 교류가 활발했던 지중해 주변 국가나 아시아 쪽의 무슬림들은 종교에 대한 해석도 엄격하지 않고 규제도 그다지 많지 않아요. 여성들의 활동도 자유로워서 히잡을 두른 여인이 거리에서 과감하게 애정을 표현하는 모습도 쉽게 볼 수가 있지요.

무슬림의 결혼 풍습도 나라에 따라 다양해요(물론 무슬림이라면 꼭 따라야 하는 가르침은 세계 어디에서나 꼭 같지만요.). 결혼은 무슬림이라면 꼭

해야 하는 종교의 가르침 중 하나예요. 결혼을 하면 종교에서 정하는 의무 중 반을 지켰다고 할 정도로 결혼을 중요하게 여긴다는 점은 어느 나라의 무슬림이나 같답니다.

누르는 모로코에 살아요. 모로코는 아프리카 대륙에 있지만 지중해와 아주 가까운 나라예요. 덕분에 예로부터 여러 가지 외국 문물을 자주 접했기에 지금도 다양한 문화가 잘 어우러져 있어요.

이슬람교의 성서인 코란에서는 결혼식을 간소하게 치르라고 가르쳐요. 결혼식 자체보다는 혼인 계약서와 신부 대금을 중요하게 여겨서, 증인만 있으면 신부가 없이도 결혼식이 이루어지기도 해요. 하지만 누르의 오빠는 신부와 조촐하고 간소하면서도 아름다운 결혼식을 치르고 싶었어요. 그래서 친척들과 친구들을 불러서 흥겨운 피로연도 하기로 했지요.

무슬림들은 보통 사촌과 결혼을 해요(사촌과 결혼을 하면 유전적으로 좋지 않다고 하는데, 과거에는 유럽에서도 사촌끼리 결혼하는 일은 꽤 흔했어요.). 무슬림은 또 결혼 전에 반드시 증인을 세우고 혼인 계약서를 쓰지요. 혼인 계약서에는 신부 대금을 얼마로 할 것인지와 이혼을 하거나 남편이 죽게 되면 신부 대금을 아내가 갖게

된다는 내용이 적혀 있어요. 신부 대금을 두고 신부가 돈에 팔려 가는 것이라는 비난도 있어요. 하지만 정작 무슬림들은 노예나 여종이 아닌 자유로운 여자만 신부 대금을 받을 수 있기 때문에, 신부 대금 받는 것을 명예롭게 여긴다고 하네요.

무슬림 남자들은 원칙적으로 아내를 네 명까지 둘 수 있어요. 하지만 워낙 조건이 까다로워서 아내를 네 명씩 맞는 사람은 거의 없어요. 또 양성평등에 어긋난다고 해서 무슬림 국가인 튀니지나 터키에서는 일부다처제를 아예 법으로 금지하기도 해요.

혼인 계약이 성사되고 신부 대금을 지불하면 곧장 결혼식을 올립니다.

요즈음에는 따로 호텔의 피로연장을 빌려서 결혼식을 하기도 하는데요, 예전에는 모스크(사원)라든가 신랑의 집에서 치렀어요. 누르의 오빠도 집에서 결혼식을 올리기로 했답니다.

누르의 새언니는 결혼식 전날에 도착했어요. 보석으로 화려하게 장식한 새언니는 긴 옷을 입었어요. 누르의 오빠는 기분이 좋은지 연신 싱글

세계 최대의 이슬람 국가 인도네시아의 결혼식은?

무슬림이 가장 많은 나라는 어디일까요? 이슬람교는 세계에서 기독교 다음으로 많은 신자를 자랑하는 종교입니다. 2억 3천만 명 인구 중 약 90퍼센트가량이 무슬림인 인도네시아는 세계 최대의 이슬람 국가예요. 그렇다고 인도네시아 결혼식이 모두 이슬람교를 바탕으로 하고 있지는 않아요. 무슬림 국가이긴 하지만 우리나라보다 면적이 아홉 배나 넓은 나라인지라 지역적 특성이 가미되어서 딱히 '이것이 인도네시아식 결혼식이다.'라고 말하기가 퍽 힘들어요.

자바 지역의 결혼식에는 자바식에 이슬람식이 가미되었고, 수마트라 지역의 결혼식에는 수마트라식에 이슬람식이 가미되어 있는 경우가 대부분이거든요. 종족에 따라 결혼 예복과 잔치 음식도 다르고요. 다만 여자가 친정 부모를 모시고 사는 경우가 흔하다는 점은 공통점이에요.

이슬람 사회에서는 관례적으로 일부다처제가 허용돼요. 하지만 인도네시아 정부는 공무원에게 일부다처제를 법으로 금지하고 있어요.

벙글이랍니다. 보통 신랑과 신부는 말이나 가마를 타고 식장으로 들어가요. 모로코에서는 특별히 '미다'라고 부르는 가마를 타고 식장에 들어간답니다.

  신랑, 신부가 들어가면 결혼식이 시작돼요. 종교 지도자인 '이맘'이 코란의 구절을 읽고 신랑, 신부가 서로 맹세하면 결혼식이 이루어진 거예요. 아주 간단하죠?

  피로연 때에는 소고기나 양고기 바비큐를 주로 대접해요. 그런데 무슬림의 피로연 상차림이 다른 곳과 다른 점이 한 가지 있어요. 바로 식탁 위 어디에도 술이 보이지 않는다는 점이에요. 술은 이슬람교에서 금하는 음

식 중 하나거든요.

　음식은 아주 넉넉히 준비해서 이웃들에게 나누어 주기도 해요. 그래야 복이 찾아온다고 믿지요.

　신 나는 피로연이 시작되었어요. 춤은 주로 여자들이 추는데, 누르도 한 몫 끼기로 했지요. 사람들은 음악에 맞추어 엉덩이를 흔들면서 춤을 춰요. 피로연은 밤새도록 이어져 새벽 5시가 되어야 끝나겠지만, 누르는 아직 어리니까 일찍 들어가서 잠을 자야겠지요?

결혼식에서의 축복 메시지

　결혼식에 참석한 손님들은 방명록에 이름을 남기면서 다양한 축복의 메시지도 함께 전합니다. 결혼을 축하한다는 기본적인 축하의 말은 물론, 아이를 많이 낳고, 행복하게 오래 살라는 말도 함께 전하지요.

　결혼은 두 사람이 만나 두 가족이 이어져 보다 큰 영향력을 얻으면서 가족을 불릴 수 있는 계기가 되기 때문에 사람들은 후손을 많이 보기를 기원했답니다. 그래서 결혼식에서 비는 축복의 메시지는 기본적으로 사람이 행복하게 사는 데 필요한 것들, 예를 들어 부귀영화, 건강, 무병장수 외에도 아이를 많이 낳길 바라는 내용도 꼭 포함되어 있었습니다.

　한국에서 폐백을 할 때 신부의 치마폭에 밤과 대추를 던지는 것도 밤과 대추처럼 자손을 주렁주렁 낳으라는 마음을 표현한 것이지요.

왜 사촌과 결혼할까?

신부는 신랑을, 신랑은 신부를 어떻게 만날까요? 어디에서 자신의 반쪽을 구하는 걸까요? 평생을 함께할 사람을 찾는 것은 쉬운 일이 아니에요. 그래서 좋은 짝을 찾기 위해 중매인의 도움을 받기도 하지요.

짝을 구하는 일이 어렵고 중요하다 보니 옛날에는 잘 아는 가까운 집안끼리 결혼하거나 사촌끼리 결혼을 하기도 했어요. 특히 영국 왕실의 경우에는 권력을 강화하기 위해서 무조건 가까운 친척끼리 결혼식을 올리곤 했지요.

근친 간의 결혼은 우생학적으로 바람직하지 않다고들 하지만, 아직 정식으로 알려진 바는 없어요. 터키에는 '말 탄 신부가 가는 길을 막을 사람은 사촌 오빠밖에 없다.'는 말이 있을 만큼 친족 결혼식이 전통처럼 내려왔어요. 터키 역시 친족 간의 힘을 키우고 재산의 분산을 막기 위한 방법으로 근친혼이 성행했답니다.

신랑, 신부 앞에는 '아그니'라는 불화로가 있습니다. 불은 정화와 생명 수호의 상징이에요. 신랑과 신부는 이 불화로 주위를 빙글빙글 돌며 서로의 옷자락을 묶어 영원한 짝이 될 것을 약속합니다.

8

붉은 옷에
보석이 반짝반짝,
화려한 헤나 문신!

인도

지참금이 없으면 결혼을 못하는 힌두교 결혼식

인도는 여러 종교가 한데 어우러진 나라입니다. 그중 힌두교와 이슬람교를 믿는 사람들이 가장 많지요. '무케시'네 집 사람들은 힌두교도입니다.

오늘은 무케시네 형의 결혼식이에요. 옛날 우리나라에서도 태어날 때부터 신분이 정해졌던 것처럼, 인도에는 '카스트'라는 신분 제도가 있었어요. 1947년부터 카스트 제도가 법적으로 금지되었지만, 지금도 인도 사람들은 대부분 같은 계급에 속한 사람끼리 결혼합니다.

전통적인 힌두교식 결혼식은 주로 신부 집에서 소박하게 열려요. 브라만 사제가 결혼식을 진행하고, 신부는 붉은색 사리를 입고 신랑은 전통 의상을 입지요. 오늘의 신랑인 무케시의 형은 바지를 덮는 긴 셔츠 '도티'를 입었어요.

무케시는 식구들, 그리고 형의 친구들과 함께 신부의 집으로 갔어요. 부잣집에서는 보통 신랑이 코끼리를 타고 바나나 잎으로 장식된 천막을 높이 쳐들고 신부 집으로 가는데, 무케시네 집은 그 정도로 부자는 아니에요. 그래서 그냥 하얀색 암말을 타고 갔지요.

안타깝게도 요즈음 인도 사람들의 결혼식이 점점 화려해지고 있어요.

결혼이 워낙 인도 사람들에게 중요한 행사다 보니 인도 사람들은 보다 근사한 결혼식을 올리려 노력해요. 게다가 인도 사람들은 금 장식을 워낙 좋아해서 전 세계 금의 20퍼센트에서 30퍼센트를 해마다 수입할 정도예요. 그러니 결혼식 때도 액세서리는 물론, 옷에도 여러 금장식으로 부를 뽐내지요.

신부의 집에 도착하자 신부의 아버지가 신부의 이마에 '띨락'이라고 부르는 빨간 점을 붙여 주고 쌀을 뿌렸어요. 신부의 어머니는 새 출발을 축하하는 뜻으로 신랑, 신부의 발을 우유와 물로 씻어 주었고요.

드디어 신부가 등장했어요. 신부는 머리부터 발끝까지 화려하고 아름답게 치장했어요. 금색, 은색 실로 수를 놓은 붉은색 사리를 입고, 온몸에 보석으로 치장을 했어요. 인도에서 붉은색은 성스러운 의미이자 사랑과 열정의 상징이거든요. 손과 발에는 헤나 문신으로 곱게 장식까지 했는데요, 그 무늬를 잘 들여다보면 신랑의 이름이 어딘가에 숨어 있대요.

헤나는 보통 초록빛이 도는 갈색 가루인데, 물하고 섞은 다음 잘 개어서 사용해요. 헤나 나무는 이집트가 원산지지만, 주로 파키스탄·인도·네팔 등에서 잘 자랍니다. 오래전부터 헤나 나무의 잎은 머리 염색이나 문신에, 꽃은 향수의 원료로 이용했어요. 헤나는 살균 효과가 있어서 피부병 등에 약재로도 써요. 이것을 문신으로 사용하면 피부에 짙은 갈색으로 물이 드는데, 약 1주일 정도 지나면 저절로 지워져요. 인도에서는 이 헤나에 건강과 행복을 축복해 주는 의미가 있어서 결혼식에 빼놓을 수 없는 중요한 장식이랍니다.

신랑, 신부 앞에는 '아그니'라는 불화로가 있습

니다. 불은 정화와 생명 수호의 상징이에요. 신랑과 신부는 이 불화로 주위를 빙글빙글 돌며 서로의 옷자락을 묶어 영원한 짝이 될 것을 약속합니다. 신랑, 신부는 서로의 목에 꽃다발도 걸어 주었지요. 종교 지도자가 힌두교의 기도문을 읽을 때는 모두 조용히 듣고 있었답니다.

이윽고 신부의 부모가 신랑에게 결혼 예물을 선물했습니다. 그러자 신랑은 신부의 손목과 발목에 꽃과 금으로 된 장신구를 둘러 주었어요. 무케시는 신부한테서 눈을 뗄 수가 없었어요. 장신구를 한 형수는 아까보다 훨씬 더 아름다웠거든요.

이제 친척들이 모두 일어나 이 신혼부부에게 재스민과 장미 꽃잎을 뿌려 주는 시간이 되었습니다.

아마 무케시가 제일 신 나게 꽃잎을 뿌렸을 거예요. 형수가 생겨서 무척 기분이 좋았거든요. 무케시도 얼른 형만큼 자라 저렇게 예쁜 아내를 맞고 싶었답니다.

지참금 때문에 우는 신부들

　인도의 힌두교식 결혼 풍습에는 이슬람교와는 반대로 신부가 신랑에게 건네는 지참금이 있습니다. 신부가 신랑에게 가지고 가는 재산을 통틀어 '지참금'이라고 하는데, 우리나라의 예단과 비슷한 것이랍니다. 이 지참금에는 돈뿐만 아니라 동물, 토지, 귀금속 등이 포함되어 있어요. 요즈음에는 오토바이, 자동차, 고가의 전자제품도 건넨다고 하네요.

　지참금의 기원은 남존여비 사상이 깊었던 시절에 신부의 지위를 보장받기 위한 하나의 수단이었어요. 지참금은 완전히 남편이 가지는 경우도 있지만 대부분 부부 공동의 생활비로 충당하며, 돈은 남편이 쓰더라도 소유권은 아내에게 있었어요. 만약 남편이 죽으면 이 지참금은 아내와 아이들의 생활비가 되었지요. 이혼을 하면 지참금을 도로 받아 오기도 했고요. 하지만 요사이 지참금은 그 목적이 변질되어 아들을 가진 부모는 신부로부터 조금이라도 지참금을 더 받으려고 합니다.

　인도의 경우, 생활력이 없는 여자를 남자가 부양해야 된다는 생각에 신부 측으로부터 받는 경제적 도움이 지참금이었어요. 하지만 지금은 이 지참금 때문에 신부가 자살하거나 지참금이 적다는 이유로 시부모로부터 학대를 받는 일도 종종 일어나고 있어요. 본래 인도의 아름다운 전통은 시집가는 딸에게 부모가 직접 손으로 짠 옷감을 선물하는 것이었답니다. 간디가 영국 여왕 엘리자베스가 결혼할 때 직접 짠 숄을 선물하기도 했다는 일화는 아주 유명하지요.

실타래로 하나 되는 태국의 결혼식

전체 인구 중 94퍼센트가 불교를 믿는 태국의 전통 결혼식은 불교식을 바탕으로 하고 있어요. 태국에서는 결혼식 때 승려 아홉 명을 초대하는데, 이것은 '9'라는 숫자가 행운을 담고 있기 때문이에요. 태국의 승려들은 정오가 지난 이후에는 식사를 하지 않기 때문에 결혼식은 주로 아침에 열려요. 결혼식 날 아침에는 신랑, 신부가 초와 향을 들고 승려 앞에 무릎을 꿇고 음식을 대접하는 것이 전통이지요. 신랑, 신부는 음식을 대접하고 각 승려에게 돈 봉투와 꽃 세 송이, 초, 그리고 향이 담긴 작은 은쟁반을 바칩니다. 승려들은 나뭇가지에 물을 묻혀 신랑, 신부에게 물을 뿌려 축성을 해 줘요.

신부 어머니는 아침에 준비했던 실타래 두 가닥을 신랑, 신부의 머리에 각각 얹어 줘요. 신부와 신랑이 그 신성한 실로 하나가 되었다는 것을 보여 주는 의식이지요.

마당 한가운데에는 상이 차려져 있습니다. 이 상을 '대례상', '초례상', '혼례상'이라고도 불러요. 상 위를 좀 볼까요? 홍색, 청색 양초를 꽂은 촛대 한 쌍, 소나무 가지와 대나무 가지를 꽂은 꽃병 한 쌍, 쌀 두 그릇, 홍색과 청색 보자기에 싼 암수 닭 한 마리씩이 있네요. 붉은색은 신부 쪽, 파란색은 신랑 쪽이에요.

9

기러기 한 쌍이
대례상 위에 있어요

한국

유교 문화가 짙게 배어 있는
한국의 전통 결혼식

"온다, 와!"

동구 밖까지 나가 신랑이 오기만을 목이 빠져라 기다리고 있던 '돌이'는 마침내 언덕 너머에 하얀 말을 타고 사모관대를 입은 신랑의 모습이 나타나자 큰 소리로 외쳤습니다. 돌이는 마당 안에 대고 다시 한 번 소리쳤어요.

"와요, 신랑이 와요."

마침내 기러기를 든 기럭아비를 앞세우고 신랑이 신부 집 마당을 넘어섭니다. 신랑은 신부 어머니에게 나무 기러기를 전해 주었어요. 그런데 웬 기러기냐고요? 기러기는 한번 짝을 맺으면 평생 짝을 바꾸는 일 없이 그 짝만 영원히 사랑한대요. 설사 짝이 먼저 세상을 떠나도 절대 다른 짝을 찾지 않고 죽을 때까지 혼자 지낸다나요. 그래서 우리 조상들은 기러기를 나무로 조각해서 결혼식에 사용해 왔답니다.

마당 한가운데에는 상이 차려져 있습니다. 이 상을 '대례상', '초례상', '혼례상'이라고도 불러요. 상 위를 좀 볼까요? 홍색, 청색 양초를 꽂은 촛대 한 쌍, 소나무 가지와 대나무 가지를 꽂은 꽃병 한 쌍, 쌀 두 그릇, 홍색과 청색 보자기에 싼 암수 닭 한 마리씩이 있네요. 붉은색은 신부 쪽,

파란색은 신랑 쪽이에요.

　소나무랑 대나무는 굳은 절개를 지키라는 뜻으로, 밤과 대추는 오래 살면서 자식을 많이 낳으라는 뜻으로 꼭 상 위에 올린답니다. 지방에 따라서 콩, 팥, 술병을 올리기도 하고, 제철 과일도 놓아요.

　자, 이제 신부와 신랑이 대례상을 마주 보고 섰어요. 돌이는 왈가닥 누나가 저렇게 다소곳하게 고개 숙인 모습이 퍽이나 낯설었어요.

　사모관대를 갖춘 신랑과 연지 곤지를 찍은 신부가 수줍게 맞절을 합니다. 신부는 녹색 저고리에 다홍치마를 입고, 그 위에 원삼을 입었어요. 머리에는 족두리를 쓰고요. 원삼은 원래 신분이 높은 부인들만 입는 옷이었

신랑을 대들보에 매달아라!

　'신랑 잡기', '신랑 달기', '신랑 다루기'라고도 하는 '동상례(東床禮)'는 '동쪽 평상 위에서 배를 드러내 놓고 밥을 먹는다.'는 뜻으로 결혼식이 끝난 뒤에 신랑이 신부 집에서 마을 사람과 친구 들에게 음식을 대접하는 일을 가리키는 말이었어요. 보통 신부 집 젊은이들이 모여 앉아 신랑에게 '왜 신부를 잡아가느냐?'와 같은 답하기 어려운 질문을 해서, 그 답이 신통하지 않으면 신랑의 다리를 끈으로 묶어 힘센 사람이 일어서서 짊어지거나, 대들보에 매어 북어나 방망이로 발바닥을 내리쳤답니다.

　동상례에는 신혼부부의 결혼 생활이 원활하기를 바라는 마음과 발바닥이 아파 움직일 수 없는 신랑이 신부의 살뜰한 보살핌을 받으라는 의미가 있답니다.

지만, 결혼식 때만큼은 평민도 원삼을 입도록 나라에서 특별히 허락을 해 주었어요.

맞절을 하고 나서는 표주박에 술을 세 번 나누어 마십니다. 첫 번째 잔은 자신에게 감사하는 마음의 잔이고, 둘째 잔과 셋째 잔은 신혼부부 간의 화합을 기원하는 뜻이 담겨 있대요.

지금까지 남아 있는 전통 결혼식은 조선 시대부터 전해진 것이에요. 조선 시대 때는 유교를 숭상했기 때문에 남존여비 사상이 강했어요. 이런 사상이 결혼식에도 그대로 남아 있어서 신랑보다 신부가 절하는 횟수가 더 많고, 부부 관계도 동반자라기보다는 아내가 남편의 뜻에 따라야 된다는 의식이 강했어요. 그래서 그런지 요사이에는 이런 전통 결혼식을 주위에서 쉽게 찾아볼 수가 없어요. 서구 문명이 들어오고 서양식 결혼식이 유행하면서 전통 결혼식은 폐백을 드릴 때 그 흔적을 조금 엿볼 수 있을 뿐이랍니다.

　폐백이란 원래 신부 집에서 결혼식을 마치고 나서 신부가 시집에 와 시부모를 비롯한 여러 시집 어른들에게 드리는 인사였어요. 요즈음에는 결혼식장에서 예식을 마친 다음에 시집을 비롯해 친정 식구까지 양쪽 집안 어른 모두에게 인사를 드리는 추세로 바뀌었어요.

　폐백 때 신부는 미리 친정에서 준비해 온 대추·밤·술·안주·과일 등을 상 위에 올려놓고 시부모와 시집의 어른들 중 가까운 친척부터 차례대로 큰절을 하고 술을 돌린답니다. 이때 절을 받는 어른들은 신부의 치마에 밤과 대추를 던져 줘요. 대추와 밤처럼 자식을 주렁주렁 많이 낳고 부자가 되라는 의미가 담겨 있지요.

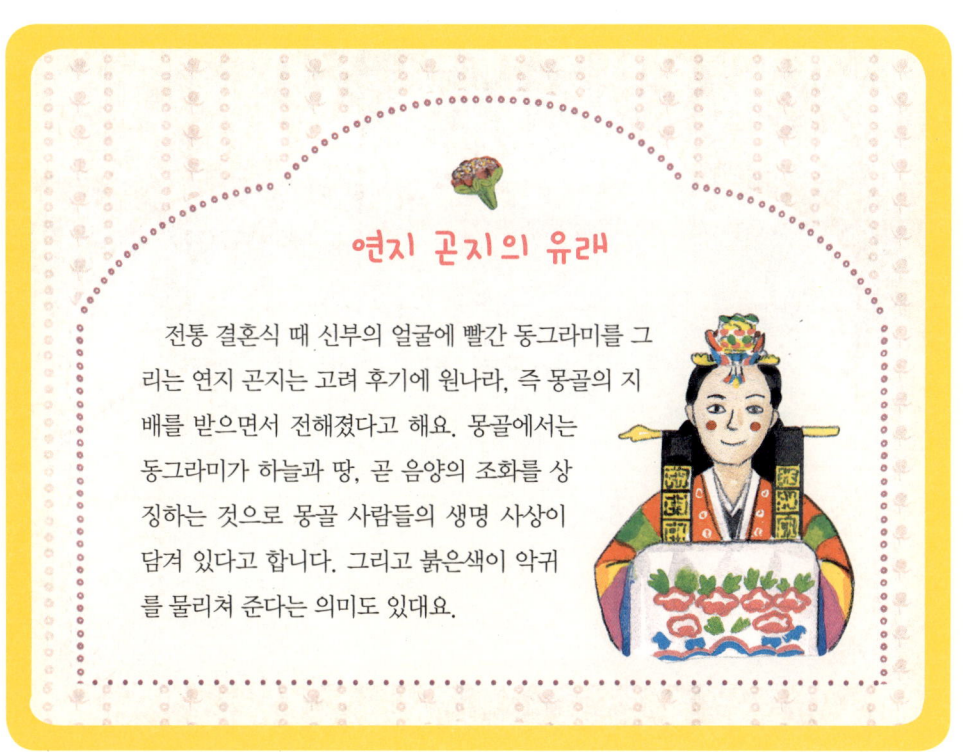

연지 곤지의 유래

　전통 결혼식 때 신부의 얼굴에 빨간 동그라미를 그리는 연지 곤지는 고려 후기에 원나라, 즉 몽골의 지배를 받으면서 전해졌다고 해요. 몽골에서는 동그라미가 하늘과 땅, 곧 음양의 조화를 상징하는 것으로 몽골 사람들의 생명 사상이 담겨 있다고 합니다. 그리고 붉은색이 악귀를 물리쳐 준다는 의미도 있대요.

시집살이, 처가살이

결혼식을 마치고 나면 신랑, 신부는 이제 한집에서 한솥밥을 먹으면서 살아갑니다. 신부 집에서 살까요? 신랑 집에서 살까요? 고구려 때는 결혼을 약속하면 신부 집 뒤에 '서옥(壻屋)'이라는 작은 집을 지었어요. 약속한 날에 날이 어두워지면 신랑이 신부의 집 문 앞에 와 무릎을 꿇고 앉아 신부와 함께 자겠다고 부탁을 합니다. 신부 부모의 허락이 떨어지면 서옥에서 살다가 아이를 낳아 그 아이가 장성하면 아내를 데리고 신랑의 집으로 갔습니다.

고려 시대에도 결혼식을 치르고 나서 어느 정도 처가에서 지내다가 신랑 집으로 돌아갔습니다. '장가간다'는 말은 '장인 집으로 간다'는 뜻으로, '시집간다'처럼 '결혼한다'는 말과 같은 의미로 쓰인 것이에요.

조선 초기까지만 해도 이렇게 장가가는 풍습이 일반적이었지만, 조선 2대 태종 임금 때 성리학에 따른 중국 예법을 중시했던 사람들이 처가살이 풍습을 바꾸기 시작했습니다. 남자가 여자의 집으로 장가를 가서 부인이 남편을 어려워하지 않아 집안의 체통이 서지 않는다는 이유 때문이었어요.

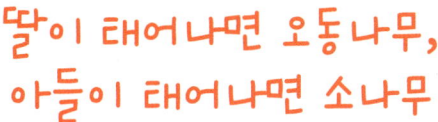

딸이 태어나면 오동나무, 아들이 태어나면 소나무

예로부터 우리 조상들은 딸이 태어나면 오동나무, 아들이 태어나면 소나무를 심었다고 해요. 아들이 결혼할 나이가 되면 소나무 밑에 박을 심었다고도 하지요. 박이 열리면 그중 좋은 것을 골라 반으로 쪼개 표주박을 만들었는데, 이것을 '합근박'이라고 합니다. 신랑, 신부가 합근박의 술을 주고받으면 일심동체가 된다는 뜻이에요.

오동나무는 예나 지금이나 아주 귀한 목재로 대접받아 왔어요. 무늬가 아름답고 재질도 연하면서 가볍고 뒤틀림도 없는 고급 재료였거든요. 게다가 습기에도 강하고 불에 잘 견뎌 오동나무로 가구, 거문고, 가야금을 만들었어요. 오동나무를 목재로 쓰려면 15년에서 18년 정도가 걸리니까, 얼추 딸이 시집갈 즈음에는 가구의 재료로 요긴하게 쓸 수 있었지요. 소나무는 목재로 쓰려면 50년에서 60년이 걸리는데, 오동나무보다 더디 자라긴 하지만 목재로써 더 튼튼하다는 장점이 있답니다.

전통 결혼식의 꽃은 결혼식 당일에 신랑이 신부를 맞아 오는 일이에요. 결혼식 날에 신랑은 중매쟁이랑 같이 예물을 가지고 직접 신부 집으로 가요. 이때 악대를 데리고 가지요. 임빙도 그 뒤를 졸졸 따라갔어요. 거리의 사람들이 모두 자기를 쳐다보는 것 같아서 임빙은 우쭐해졌어요.

10
여기도 붉은색, 저기도 붉은색
중국

 2,500년간 이어져 온 중국의 봉건 시대 결혼식

'임빙'이 사는 곳은 중국의 수도 베이징이에요. 중국 거리 곳곳을 지나다 보면 유난히 붉은색이 많이 보여요. 여기도 붉은색, 저기도 붉은색, 결혼식도 마찬가지예요. 임빙의 형수가 될 신부가 입은 결혼 예복도 물론 붉은색이랍니다.

중국 사람들은 붉은색을 참 좋아해요. 예로부터 붉은색을 상서로움과 경사로움의 상징으로 여겨서 결혼식도 온통 붉은색으로 치장하지요. 그래서 신부가 타고 갈 가마가 붉은색인 건 물론이고, 신랑도 붉은색 옷을 입어요.

중국은 역사가 길 뿐만 아니라 땅덩이도 무척 넓고, 워낙 여러 민족이 사는 나라라서 지방마다, 심지어 마을마다도 결혼식 절차에 약간의 차이가 있지요. 그렇지만 지금까지 이어진 전통 결혼식은 지난 2,500년 이상 변치 않고 내려온 것이에요. 중국의 전통 결혼식 역사가 이렇게나 오래되었다고 얘기하면 사람들은 모두 깜짝 놀라지요. 이 전통 결혼식을 '봉건 시대 결혼식'이라고 부릅니다.

처음에 이 결혼식은 고대 왕조의 귀족들과 사대부 사람들이 주로 했었지만, 그 후 근대에 이르기까지 2,500여 년 동안 중국 사람들 모두가 엄격하게 이 결혼 절차를 따랐다고 합니다. 이 절차는 여섯 가지로, 매우 복잡하고 까다로워요. 우선 좋은 날을 잡는 게 하나이고, 중매쟁이가 사주를 전해 주는 것, 폐물을 담은 함을 전달하는 것, 결혼 날짜를 잡는 것, 신랑, 신부의 궁합을 보는 것, 결혼 당일 신랑이 신부를 맞이하러 가는 '친영'까지, 이렇게 모두 여섯 가지예요. 중국의 전통 결혼식은 우리나라의 전통 결혼 방식과 비슷한 것들이 많아요. 결혼 예물로 기러기를 사용하는 것도 똑같지요. 지금은 중국에서도 복잡한 절차가 많이 생략되었어요.

결혼식을 진행하는 주례는 누구?

결혼식에는 보통 어떤 사람들이 주례를 설까요? 목사, 신부 같은 종교 지도자들이 가장 먼저 떠오를 거예요. 요즈음에는 신부와 신랑이 존경하는 사람에게 주례를 부탁하는 경우가 눈에 더 많이 띄지만요.

그런데 왜 주례를 서는 사람은 대부분 남자냐고요? 우리의 관혼상제란 우리가 믿고 따르는 종교에 많은 영향을 받기 때문에, 결혼식을 진행하는 사람도 종교 지도자가 가장 일반적이고 흔했습니다. 과거에는 남성으로만 성직자의 자격을 제한하는 경우가 많았기 때문에, 결혼식을 주도하는 사람이 남자인 경우가 흔했지요. 하지만 요즈음에는 여성의 성직자 진출이 많아지면서 결혼식의 주례에서도 여성의 모습을 심심치 않게 볼 수 있답니다.

근대화가 이루어지면서 중국 정부가 새로운 '혼인법'을 발표해 봉건 시대 결혼식을 법적으로 금지했거든요. 봉건 시대 결혼식이 양성평등을 막고 경제 발전에 방해가 되었기 때문에 금지할 수밖에 없었어요. 그래서 지금은 중국에서도 대부분 우리나라에서처럼 하얀 웨딩드레스를 입는 유럽식 결혼식을 많이 치러요. 그래도 시골로 가면 이런 전통 결혼식 모습을 종종 찾아볼 수가 있답니다. 임빙의 가족들은 베이징에 살고 있지만 점점 사라져 가는 전통 방식으로 결혼식을 치르기로 했지요.

전통 결혼식의 꽃은 결혼식 당일에 신랑이 신부를 맞아 오는 일이에요. 결혼식 날에 신랑은 중매쟁이랑 같이 예물을 가지고 직접 신부 집으로 가요. 이때 악대를 데리고 가지요. 임빙도 그 뒤를 졸졸 따라갔어요. 거리의 사람들이 모두 자기를 쳐다보는 것 같아서 임빙은 우쭐해졌어요.

신부의 집에 도착한 신랑은 신부의 부모에게 절을 하고 나서, 신부 집의 조상을 모신 사당에 가서 또 절을 하고 가져간 예물을 바쳤습니다. 그러고 나서 가지고 갔던 붉은색 가마에 신부를 태웠어요. 신부를 신랑의 집으로 데리고 가야 하거든요.

새빨간 천으로 얼굴을 가린 채 얌전하게 앉아 있는 신부의 얼굴이 가마

의 창문 틈으로 살짝살짝 보였어요. 임빙은 신부의 표정이 왠지 좀 슬퍼 보이는 것 같았어요.

신랑 집에 도착하면 신랑은 가마 밖에서 신부를 맞이해 집 안으로 데리고 들어가서 신랑의 부모에게 함께 절을 해요. 그러고 나면 예식도 끝이에요.

복잡한 결혼 준비 절차에 비하면 예식 자체는 정말 썰렁하다 못해 시시할 정도예요. 그래도 피로연은 성대하게 치렀어요. 음식을 잔뜩 준비하고, 사람들도 왕창 초대해서 온 동네에 결혼을 알렸지요. 결혼식에 온 손님들은 기쁠 희(喜) 자가 두 개인 쌍희(囍) 자가 적혀 있는 축의금 봉투에 돈을 넣어 전해 주었습니다. 물론 봉투 색깔도 붉은색이랍니다.

쌍희(囍) 자가 적혀 있는 중국의 축의금 봉투

중국의 현대 결혼식은 많은 사람들이 함께 즐기며 어울릴 수 있는 축제 분위기가 물씬 풍겨요. 피로연에서 신랑은 손님들에게 술을 권하고, 신부는 결혼 사탕을 나눠 줘요. 보통 술, 사탕, 담배를 권하는데, 여기에는 기호 식품인 술, 사탕, 담배를 즐기듯이 결혼 생활에도 기쁨과 달콤함이 가득하기를 바라는 마음이 담겨 있어요.

결혼식에서 쓰는 술은 희주(喜酒), 사탕은 희탕(喜糖), 담배는 희연(喜煙)이라고 하는데, 한 글자로 쓰지 않고 두 개의 희(喜) 자를 붙여 쌍희(囍) 자를 써요. 결혼식 때 혼주가 이 쌍희 자가 적힌 빨간색 봉투를 준비해서 손님들에게 나누어 주면, 손님은 그 속에 축의금을 넣어 전달해 주지요. 봉투, 부케, 어디든 이 쌍희 자가 들어가서 이제는 결혼식의 상징이 되었지요.

일본의 전통 결혼식에서 신부는 머리부터 발끝까지 순결함을 상징하는 흰색으로 온통 장식합니다. 유키의 누나도 하얀 기모노를 입고, 머리에는 행운을 가져다준다는 여러 가지 장신구를 가득 꽂아 아주 꼼꼼하게 머리 장식을 했어요. 흰색이 순결함을 상징하기도 하지만, 일본의 전통 결혼식에서는 남편의 가풍에 쉽게 물들라는 바람을 상징적으로 나타낸 것이라는 말도 있어요.

머리부터 발끝까지
눈처럼 새하얀 신부

일본

 황태자의 결혼식에서 유래된 일본의 신전 결혼식

신부 화장을 마친 누나를 보고 '유키'는 화들짝 놀랐어요. 원래 하얀색 기모노를 입는다는 것은 알았지만, 얼굴까지 새하얗게 분칠을 하리라고는 상상도 못했거든요. 게다가 머리 위에 쓴 것도 흰색, 발에 신은 것도 흰색이었어요.

누나 옆에 나란히 서서 신전을 향해 걸어가고 있는 매형의 옷이 검은색이라서 누나의 모습은 유난히 더 눈에 뜨였어요.

'유키'의 누나가 오늘 치르는 결혼식은 신전 결혼식이라고 해요. 요즈음 일본 사람들은 우리나라 사람처럼 서양식 결혼식을 많이 하기 때문에 신을 모신 사당 앞에서 올리는 신전 결혼식은 요즈음은 그렇게 흔하지 않아요.

사실 지금 남아 있는 신전 결혼식은 1933년 일본 황태자의 결혼식에서 유래된 것이기 때문에, 다른 나라의 전통 결혼식에 비해 역사가 짧은 편이에요.

고대 일본에서는 신랑이 신부의 집에 가서 결혼식을 치렀어요. 그러다가 신부가 신랑의 집에 가서 결혼식을 올리는 것으로 바뀌었지요. 유교가 일본 사회에 스며들면서 남녀차별이 심해진 적도 있었지만, 지금은 태어난 아이가 엄마의 성을 쓰기도 하고, 또 신랑이 신부의 집에 들어가 사는 것이 아무렇지도 않을 만큼 비교적 평등한 결혼 생활을 누리고 있지요.

　일본의 전통 결혼식에서 신부는 머리부터 발끝까지 순결함을 상징하는 흰색으로 온통 장식합니다. 유키의 누나도 하얀 기모노를 입고, 머리에는 행운을 가져다준다는 여러 가지 장신구를 가득 꽂아 아주 꼼꼼하게 머리 장식을 했어요. 흰색이 순결함을 상징하기도 하지만, 일본의 전통 결혼식에서는 남편의 가풍에 쉽게 물들라는 바람을 상징적으로 나타낸 것이라는 말도 있어요.

　유키의 누나는 신사(왕실의 조상이나 국가에 공이 큰 사람을 신으로 모신 사당) 마당을 가로질러 신랑과 나란히 입장합니다. 입장하는 데에도 순서가 있어요. 옛날에는 신랑, 중매한 사람, 신부, 신랑의 부모, 신부의 부모, 신랑의 친척, 신부의 친척이 순서대로 들어왔다고 하는데, 요즈음은 신랑, 신부를 앞세워 두 줄로 나란히 입장해요.

　모두 자리를 잡으면 우선 술을 마셔요. 신랑, 신부는 크고 작은 술잔 세 개를 서로 바꾸어 가며 세 번씩, 모두 아홉 번 나누어 마십니다.

　그러고 나서 신랑, 신부가 신 앞에서 부부의 서약을 읽어요. 신랑이 서약서를 모두 읽고 나서는 그 자리에서 신랑, 신부의 이름을 적어 신 앞에 바칩니다.

　이제 신랑, 신부가 서로 반지를 끼워 주네요. 사실 결혼식에서 서로 반지를 끼워 주는 것은 요사이 새롭게 생긴 신식 유행이랍니다. 원래 신전 결혼식에는 서양 결혼식처럼 반지를 두고 맹세를 하거나 반지 교환 같은 것은 없었어요.

　신랑, 신부가 나란히 타마쿠시(닥나무 섬유로 만든 베 또는 종이 오리를 달아서 신전에 바치는 것)를 신전의 나뭇가지에 달아서 신전에 바칩니다. 그러고 나서는 결혼식에 참석한 사람들이 모두 술을 마셔요. 그건 양쪽 집안이 앞으로 서로 사이좋게 지내자는 뜻이에요.

다음으로 신에게 바치는 춤과 노래가 이어져요. 모두 조용히 앉아 춤과 노래를 감상합니다. 유키는 좀이 쑤셔 죽을 지경이었어요. 입도 간질간질하고요.

드디어 결혼식을 진행하는 사람이 축하의 말을 하더니 이제 결혼식이 끝났다는 말을 하네요. 야호! 유키는 자리에서 벌떡 일어났어요.

아, 그런데 그냥 곧장 나가는 게 아니었어요. 신전에 모인 사람들은 자

결혼식을 하는 장소는 어떻게 결정했을까요?

결혼식은 주로 어디에서 했을까요? 지금처럼 결혼식만 하는 전문 예식장이 들어선 것은 그다지 오래되지 않아요. 예로부터 관혼상제는 사람들이 믿는 종교와 밀접한 관련이 있기 때문에 대부분 자신들의 종교 활동이 이루어지는 장소에서 결혼식을 올렸어요.

종교 이전의 토속신앙을 믿었던 사람들은 마을의 중요 행사가 열리는 곳에서 결혼식을 치렀지만, 문명화된 종교가 스며들면서 종교 의식을 치르는 장소가 결혼식장으로 활용되었습니다. 그래서 지금도 많은 결혼식이 교회나 성당 등에서 열립니다. 하지만 특정한 종교를 믿지 않는 사람들의 경우에는 주로 신부의 집에서 결혼식을 올렸답니다.

리에서 일어나 모두 조용히 신전에 절을 올렸어요. 그러고는 들어올 때와 마찬가지로 순서대로 줄을 맞추어 조용히 신전을 빠져나갔답니다.

그래도 다행이에요. 피로연이 남아 있으니까요. 확실히 신전 결혼식은 아이들한테는 너무 지루해요.

교회에서 결혼식을 올리는 일본 사람들

요즈음 일본의 결혼식에는 크게 네 종류가 있어요. 신전 결혼식, 불교 결혼식, 교회 결혼식, 그저 사람들 앞에서 결혼을 약속하는 언약식 같은 결혼식 등이에요. 그중 신전 결혼식이 일본의 결혼 문화를 가장 잘 보여 주는 대표적인 결혼식이긴 하지만, 요즈음 서양의 문화를 동경하는 젊은이들에게는 교회 결혼식이 큰 인기를 끌고 있어요.

흥미로운 것은 일본 사람 중에서 기독교나 천주교를 믿는 사람은 1퍼센트 정도밖에 안 된다는 사실이에요. 아마 교회나 성당이 주는 깨끗한 이미지 때문에 교회 결혼식을 선호하는 것 같아요.

들러리 두 명이 왕세자비를 따라 성당 안으로 들어갔습니다. 성당 안에는 결혼식에 초대받은 손님들이 벌써 자리를 꽉 채우고 있었어요. 그날 결혼식을 보려고 성당으로 모여든 군중은 60만 명이나 되었답니다. 두 사람은 초대받은 3,500여 명의 손님들과 반지를 앞에 두고 결혼 서약을 했습니다.

12

세계로 생중계된 세기의 결혼식
영국

 경건하면서도 차분한 영국의 왕실 결혼식

'앤'은 가슴 졸인 채 세인트폴 성당 밖에 있었습니다. 곧 영국 다이애나 왕세자비가 탄 마차가 도착할 거예요. 앤은 어서 신부를 보고 싶은 마음에 가슴이 콩닥콩닥 뛰었습니다. 성당 안으로 올라가는 계단에는 빨간색 양탄자가 길게 깔려 있어요.

이윽고 아버지와 함께 마차를 타고 왕세자비가 성당에 도착했습니다. 사람들은 왕세자비의 얼굴을 조금이라도 가까이서 보려고 밀치고 야단이 났어요. 하얀 면사포로 얼굴을 가린 채 마차에서 내린 왕세자비의 모습에 앤은 숨이 멎을 것 같았어요. 정말 엄청나게 예뻤거든요. 사람들은 모두 환호성을 질렀지요.

들러리 두 명이 왕세자비를 따라 성당 안으로 들어갔습니다. 성당 안에는 결혼식에 초대받은 손님들이 벌써 자리를 꽉 채우고 있었어요. 그날 결혼식을 보려고 성당으로 모여든 군중은 60만 명이나 되었답니다. 두 사람은 초대받은 3,500여 명의 손님들과 반지를 앞에 두고 결혼 서약을 했습니다.

1981년 7월 29일, 영국의 런던 세인트폴 성당에서 영국 왕세자의 결혼식이 열렸습니다. 이날의 결혼식은 텔레비전으로 생중계되어 세계의 인구 중 7억 5천만 명이 이 결혼식을 지켜보았어요. 좀처럼 보기 드문 영국 왕실의 결혼식이었기에 앤은 집에서 가만히 앉아 텔레비전으로만 보고 있을 수 없었어요. 그래서 다른 사람들처럼 영국기를 찾아 든 채 엄마의 손을 잡고 거리로 나왔답니다. 정말 어른들이 말하는 '20세기 최고의 결혼식'이라는 말이 어울릴 만큼 화려하고 웅장한 결혼식이었지요. 스물이 갓 넘은 다이애나는 서른두 살의 찰스 왕세자 옆에서 유난히도 밝고 아름다워 보였습니다.

　영국은 한때 세계 어디를 가더라도 영국이 지배하는 땅이 있어 뜨는 해를 다 볼 수 있었다고 해요. 그래서 '해가 지지 않는 나라'라는 별명까지 얻었지요. 영국은 한때는 그렇게 힘센 왕족이 다스리던 나라였어요.

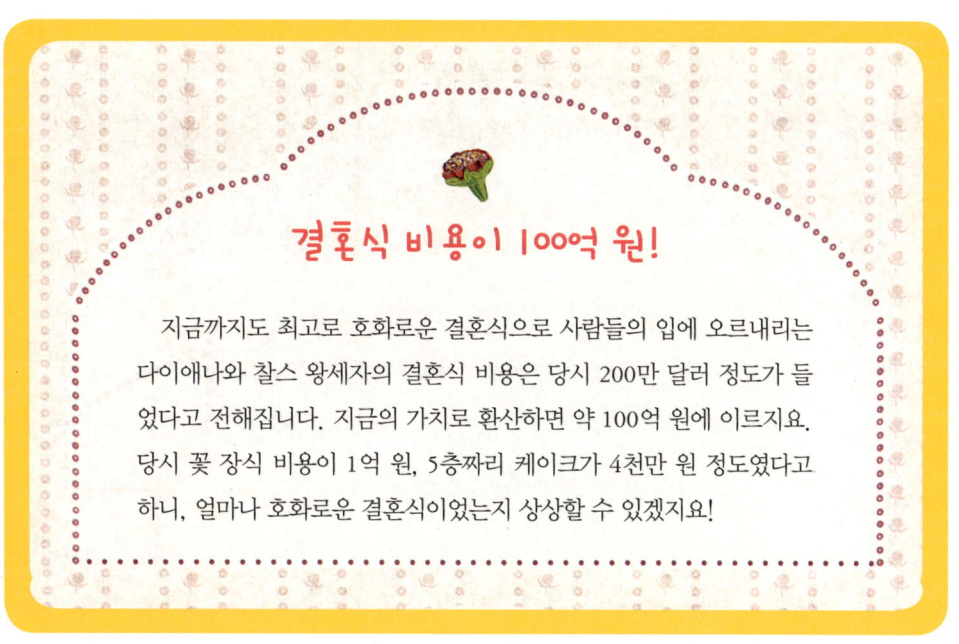

결혼식 비용이 100억 원!

지금까지도 최고로 호화로운 결혼식으로 사람들의 입에 오르내리는 다이애나와 찰스 왕세자의 결혼식 비용은 당시 200만 달러 정도가 들었다고 전해집니다. 지금의 가치로 환산하면 약 100억 원에 이르지요. 당시 꽃 장식 비용이 1억 원, 5층짜리 케이크가 4천만 원 정도였다고 하니, 얼마나 호화로운 결혼식이었는지 상상할 수 있겠지요!

지금은 의회에서 뽑은 총리가 실질적으로 나라를 다스리고 있지만, 그 왕족의 후손인 엘리자베스 2세 여왕은 아직도 궁전을 지키며 영국의 전통을 이어 가고 있답니다. 신랑은 바로 엘리자베스 2세의 아들 찰스 왕세자였어요.

성당 안에서의 결혼식은 가톨릭 교회에서의 혼인 미사와 크게 다르지 않았어요. 그래도 오래된 성당의 높은 천장에서 울려 퍼지는 신부님의 말씀과 성가에 앤은 왠지 가슴이 다 뭉클해지는 것 같았어요.

신랑, 신부의 행진 시간이 되었나 봐요. 두 사람은 빨간색 양탄자 위로 사랑의 첫걸음을 내딛었습니다. 왕세자비의 면사포 길이는 거의 8미터나 되었어요. 마침내 두 사람이 성당 밖에 모습을 드러내자 군중은 다시 한 번 환호성을 올렸습니다.

성당에서 결혼식을 마친 찰스 왕세자와 다이애나 왕세자비는 버킹엄 궁전에서 열리는 피로연에 참석하기 위해 마차를 탔어요. 마차가 궁전을 향해 갈 때 거리에 모인 사람들은 마침내 왕세자비의 얼굴을 몇 걸음 앞에서 볼 수 있었어요. 영국 사람들은 신혼부부에게 열렬한 환영의 인사를 보냈답니다. 물론 앤도 누구보다 열심히 손을 흔들었지요.

많은 이들이 아름답고 화려한 결혼을 꿈꾸기에 왕실 결혼식에 많은 관심을 보냅니다. 높은 신분의 사람들이 주고받는 결혼 선물은 어떤 것들일까, 저들은 어떻게 결혼식을 치를까 하고 호기심이 일기 때문이지요. 그래서 언론에서도 왕실 사람들의 결혼이 있을 때마다 그 과정을 자세히 내보내기도 한답니다. 하지만 정작 왕실의 결혼식은 아주 경건합니다. 그리

왕이 나라를 다스리는 국가는?

지금도 왕이 있는 나라가 있습니다. 이웃 나라 일본뿐만 아니라 영국, 태국, 쿠웨이트, 모나코 등 스물아홉 개 정도의 나라에 아직도 왕이 있어요.

과거에 영국의 식민지였던 캐나다, 오스트레일리아, 뉴질랜드 같은 나라의 경우에는 지금도 영국 여왕이 국가 원수입니다.

사우디아라비아, 브루나이처럼 아직까지 왕의 명령에 따라 움직이는 나라도 있지만, 대부분의 나라에서 왕은 상징적인 존재로 남아 있답니다. 이 경우, 왕은 국민을 하나로 모으는 구심점으로서의 역할을 합니다.

고 전 세계에서 온 손님들의 안전을 생각해서 경비도 아주 삼엄해요.

왕실 사람들이 결혼식에 입는 옷과 보석들은 평범한 사람은 상상할 수 없을 만큼 값비싼 것들이지만, 화려하고 고급스러운 결혼식을 치렀다고 해서 죽을 때까지 오래오래 행복하게 사는 건 아닌 모양이에요. 찰스와 다이애나, 이 두 사람만 해도 결혼한 지 11년 만에 별거를 거쳐 결국 이혼했거든요.

결혼식엔 누구를 초대할까?

이렇게 유명한 사람들의 결혼식에 초대받는 것을 큰 영광인 것처럼 자랑하는 사람들도 있지만, 요즈음 사람들은 결혼식을 지극히 개인적인 일이라고 생각하는 경우가 많아졌어요. 옛날에는 집안과 집안의 결합을 알리기 위해 가능하면 많은 사람들을 초대해서 널리 결혼식을 알렸어요. 덕분에 가난한 사람들이 부자들의 결혼식을 찾아다니며 허드렛일을 거들어 주고 주린 배를 채우곤 하던 때도 있었지요.

하지만 요사이 미국에서는 결혼식 초대장, 그러니까 청첩장을 정말로 친한 사람에게만 보내는 경우가 흔해요. 자신이 직접 디자인해서 만든 청첩장을 결혼식에 꼭 참석할 사람에게만 일일이 직접 전해 줘요. 보통 야외의 한적한 시골 호텔이라든가 경치 좋은 교회 등을 빌려 결혼식을 치르고 나서 간단하게 피로연을 베풀지요. 평소 친하게 지내던 사람들과 즐거운 마음으로 결혼식을 치른 후, 결혼식에 참석했던 손님들과 그곳에서 하룻밤을 보내며 휴식을 즐기지요. 평소에 가깝게 지내는 아주 친한 이들이기 때문에 서먹서먹한 분위기는 전혀 없어요. 오히려 결혼식이 품위 있고 꼭 축제 같아요. 이런 결혼식을 '휴양지 결혼식'이라고 해요. 요즈음 이런 휴양지 결혼식은 결혼식, 신혼여행, 축하 손님들의 휴가라는 1석 3조의 의미가 있어요.

나오는 말

사랑의 약속이 더 중요해요!
기억에 남을 별별 결혼식

서울에 사는 '세라'는 꿈이 수중 발레리나예요. 나중에 어른이 되면 세라는 수영장에서 결혼식을 하고 싶대요. 결혼 서약도 물속에서 하고, 손님들도 모두 수영복을 입고 오게 할 거라나요! 수영복에 하얀 면사포를 쓰고 부케를 들면 진짜 웃기겠지요?

그래도 세라는 그런 결혼식이야말로 평생에 잊을 수 없는, 기억에 남는 순간이 되리라 믿고 있어요. 세라 친구 중에는 비행기를 타고 하늘 높이 올라가 스카이다이빙을 하면서 결혼식을 하겠다는 아이도 있는걸요.

실제로 이런 특이한 결혼이 아주 드문 건 아니에요. 상어가 뛰어노는 수족관, 번지 점프대 같은 독특한 장소에서 결혼식을 하기도 하고, 자전거를 타고 달리면서 결혼식을 하기도 하고요. 또는 평범한 드레스가 싫어 200미터 길이의 면사포를 길게 늘어뜨리는 신부도 있어요. 진짜 결혼반지 대신 손가락에 반지 문신을 새기는 신랑, 신부도 있고요. 저마다 평범함을 거부하며 톡톡 튀는 개성을 뽐내지요.

왜 이러는 걸까요? 독특한 결혼식을 하는 사람들은 한결같이 이렇게 말합니다. 일생에 단 한 번뿐일 결혼식을 좀 더 오랫동안 기억에 남게, 남과 다른 나만의 방식으로 치르고 싶다고요.

요즈음 주변의 결혼식을 보면 대부분의 신랑, 신부가 예식장에서 정해진 시간 안에 판에 박힌 듯이 남들과 똑같은 예식을 치르고 있어요. 전통 결혼식 역시 정해진 건 다 똑같지 않느냐고 물을지도 모르겠지만, 사실 고유의 전통 결혼식은 같은 지역이라 하더라도, 같은 종교라 하더라도 집안마다 조금씩 다 달랐어요. 다른 것이 흉이 되거나 흠이 되는 경우는 들물었는데, 요즈음은 남들만큼 해야 된다는 생각에 오히려 국적 없는 똑같은 결혼식이 유행하게 된 것처럼 보여요.

앞으로는 이런 식상하고 개성 없는 결혼식 대신 세라처럼 톡톡 튀는 별별 결혼식이 유행하지 않을까요? 미래의 결혼식은 지금까지 내려온 전통 결혼식보다, 또 예식장에서 치르는 똑같은 결혼식보다, 자기에게 특별한 의미가 있는 방식의 결혼식을 선택하는 이들이 많아질 것 같아요. 지금까지의 결혼이 가족과 가족의 만남이었다면, 앞으로의 결혼은 한 여자와 한 남자가 만나 서로 하나가 되어 사랑할 것을 약속하는 의미가 보다 커질 거예요. 그러다 보면 결혼식이 축제이자 하나의 이벤트가 될 테고요.

세계가 다양해질수록, 또 우리나라가 점점 다문화 사회로 접어들수록 사는 모습과 방식이 달라지듯이 결혼에 담는 의미와 결혼식의 모습도 다양해질 거예요. 예전처럼 같은 나라 사람끼리, 또 같은 종교의 사람끼리만 결혼하지도 않을 테고요. 지금도 주위에서 그런 결혼을 흔히 볼 수 있으니까요. 머지않아 우주에서의 결혼식 소식도 들려올 것 같습니다. 달나라에서의 결혼식도 꽤 멋질 것 같네요!

참고한 자료

논문

「티벳 전통의 혼인유형 분석과 군혼문화의 형성배경」, 홍병혜, 중국학연구회, 2004

「힌두 지참금 관습의 구조적 성격」, 정채성, 한국인도학회, 2007

단행본

『결혼의 역사와 문화』, 배영기, 한국학술정보, 2006

『나이살이』, 청동말굽, 문학동네어린이, 2004

『바람을 길들인 풍차소년』, 윌리엄 캄쾀바, 서해문집, 2009

『생쥐의 결혼』, 하지홍, 미세기, 2006

『생활문물연구(제6호)』, 김시덕, 국립민속박물관, 2002

『세계의 축제 문화기행』, 마이클 이, 평단문화사, 2003

『세계의 혼인문화』, 한국외대외국학종합연구센터, 한국외국어대학교출판부, 2005

『신현덕의 몽골풍속기』, 신현덕, 혜안, 1999

『옹주의 결혼식』, 최나미, 푸른숲주니어, 2011

『유교문화의 돌연변이 일본』, 김태영, 보고사, 2002

『이슬람의 결혼문화와 젠더』, 엄익란, 한울, 2007

『조선시대 사람들은 어떻게 살았을까 1, 2』, 한국역사연구회, 청년사, 2005

『천 가지 이야기가 있는 나라, 인도네시아』, 임진숙, 즐거운 상상, 2009

『한국의 혼인문화』, 김인옥, 구상, 2011

『혼인의 기원』, J. F. 맥리넌, 나남출판, 1996

『An Amish Wedding』, Richard Ammon, Panela Patrick, Scholastic Inc, 2000

『Rites of Passage』, Jacqueline Dineen, Paragon's world children's book, 1999

『The Market Wedding』, Cary Fagan, Tundrabook, 2000

영화

「나의 그리스식 웨딩」, 2002

「맘마미아」, 2008

「슈팅 라이크 베컴」, 2002